Chance Praktikum

Organisation, Recht, Finanzierung

Die Autorin
Birgit Adam lebt in Augsburg und ist seit vielen Jahren Autorin von Sachbüchern und Ratgebern. Außerdem ist sie als Übersetzerin tätig.

1. Auflage, September 2012, 7.000 Exemplare
© Verbraucherzentrale NRW, Düsseldorf

Das Werk einschließlich aller seiner Teile ist urheberrechtlich geschützt. Jede Verwertung, die nicht ausdrücklich vom Urheberrechtsgesetz zugelassen ist, bedarf der vorherigen Zustimmung der Verbraucherzentrale NRW. Das gilt insbesondere für Vervielfältigungen, Bearbeitungen, Übersetzungen, Mikroverfilmungen und die Einspeicherung und Verarbeitung in elektronischen Systemen. Das Buch darf ohne Genehmigung der Verbraucherzentrale NRW auch nicht mit (Werbe-)Aufklebern o. Ä. versehen werden. Die Verwendung des Buches durch Dritte darf nicht zu absatzfördernden Zwecken geschehen oder den Eindruck einer Zusammenarbeit mit der Verbraucherzentrale NRW erwecken.

ISBN 978-3-86336-008-5

Printed in Germany

Inhalt

5   Vorwort

1
9   **Mythos oder Wahrheit: Generation Praktikum**
11 Wofür ist ein Praktikum gut?
11 Die Perspektive der Unternehmen
13 Erwartungen, Vorurteile und die Realität

2
15 **Ein Wort, viele Bedeutungen: Was heißt Praktikum überhaupt?**
16 Was soll/kann ein Praktikum leisten?
19 Die verschiedenen Praktikumsarten

3
29 **Persönliche Bestandsaufnahme**
30 Wo will ich hin?
33 Wer bin ich?
37 Weitere Faktoren

4
43 **Wie finde ich einen Praktikumsplatz?**
44 Kontakte, Aushänge, Anzeigen
47 Praktikumsbörsen im Internet
51 Netzwerke und Verbände
53 Absolventenmessen
55 Woran erkenne ich ein faires Praktikum?

5
57 **Spezialfall Auslandspraktikum**
58 Für welche Studienrichtungen ist ein Auslandspraktikum sinnvoll?
59 Wie finde ich einen Praktikumsplatz im Ausland?
73 Planung eines Auslandspraktikums
77 Finanzierung eines Auslandspraktikums
82 Weitere Wege ins Ausland

6
85 Bewerbung und Vorstellungsgespräch
86 Telefonische Kontaktaufnahme mit der Firma
88 Die Kurzbewerbung
89 Die Bewerbung per E-Mail
99 Die Bewerbung auf dem Postweg
101 Das Vorstellungsgespräch
108 Wenn's nicht gleich klappt

7
111 Das gehört zu einem guten Praktikum
112 Der Praktikumsvertrag
114 Rechte und Pflichten im Praktikum
122 Betreuung, Arbeitsplatz & Co.

8
125 Rund ums Geld: Sozialversicherung, Finanzierung, Steuern
126 Sozialversicherungspflicht
130 Kindergeld
131 Die Bezahlung
133 BAföG und Praktikum
134 Studiendarlehen und Bildungsfonds
137 Das Finanzamt
139 Beurlaubung von der Hochschule

9
141 Was tun, wenn's nicht so gut läuft?
143 Probleme am Arbeitsplatz
148 Durchhalten oder abbrechen?
150 Kündigung durch den Arbeitgeber

10
153 Was am Schluss steht
154 Das Zeugnis
160 Der Praktikumsbericht

11
161 **Service**
162 Adressen
163 Internetadressen
171 Register
174 Impressum

Vorwort

Ob Ingenieur, Geisteswissenschaftler oder Betriebswirt – in jedem Stellenangebot wird heutzutage praktische Erfahrung im Arbeitsgebiet verlangt. Gute Noten garantieren nicht mehr automatisch einen guten Job, die Praxis ist mindestens ebenso wichtig wie die Theorie. Vom ersten Arbeitstag an müssen Akademiker mit ihrer theoretischen Ausbildung neben praxiserfahrenen Kollegen bestehen. Daher ist es ratsam, schon frühzeitig praktische Arbeitserfahrungen zu sammeln, um diesen „Praxisschock" etwas zu mildern.

Gerade bei Studiengängen, die nicht auf einen konkreten Beruf hinführen, sind Praktika in verschiedenen Bereichen mittlerweile unerlässlich geworden. Sie erlauben Studenten, in bestimmte Berufsfelder hineinzuschnuppern, und helfen ihnen herauszufinden, welche berufliche Richtung sie einmal einschlagen wollen. Auch wertvolle Schlüsselqualifikationen wie EDV-Kenntnisse, rhetorische Fertigkeiten oder soziale Kompetenz können hier erworben werden. Abgesehen von der reinen Berufspraxis bietet ein Praktikum die Möglichkeit, Arbeitsabläufe in Firmen oder Betrieben kennenzulernen. Nicht zuletzt ist es auch eine wertvolle Gelegenheit, ein Netzwerk aufzubauen und Kontakte zu knüpfen, die sich nach dem Studienabschluss als nützlich erweisen können.

In Zeiten zunehmender Globalisierung legen viele Unternehmen Wert auf Auslandserfahrung und Fremdsprachenkenntnisse. Je nach gewählter Branche kann daher auch ein Auslandspraktikum von Nutzen sein. Dafür können Sie ruhig Ihr Studium für ein Semester auf Eis legen, denn im Normalfall macht ein Auslandspraktikum bei Personalern immer einen guten Eindruck.

Viele Fragen werden Ihnen durch den Kopf gehen, wenn Sie zum ersten Mal über ein Praktikum nachdenken. Wie finde ich ein Praktikum, das zu mir und meinem Berufsziel passt? Was kann ich von einem Praktikum erwarten? Welche Arten von Praktikum gibt es überhaupt? Wie bin ich während dieser Zeit versichert? Welche Möglichkeiten zur Finanzierung gibt es? Muss ich bei einer Bewerbung genauso vorgehen, wie bei einem „richtigen" Job? Und wo kann ich überhaupt ein Praktikum absolvieren? Antworten darauf finden Sie zusammen mit vielen weiteren Anregungen und Hinweisen in diesem Buch. Neben wichtigen Aspekten zur rechtlichen Situation eines Praktikanten werden Ihnen Tipps zu Bewerbung und Vorstellungsgespräch sowie zahlreiche Adressen von Praktikumsbörsen und umfangreiche Informationen zur Finanzierung von Praktika im In- und Ausland vermittelt. Je besser Sie Ihr Praktikum vorbereiten, umso mehr Nutzen werden Sie daraus ziehen können. Sie wollen doch schließlich mehr als nur die „drei Ks" – Kuschen, Kopieren und Kaffee kochen!

Übrigens: Aus Gründen der Lesbarkeit wird in diesem Buch stets die verallgemeinernde, grammatikalisch männliche Form „Praktikant", „Kollege" usw. benutzt – Frauen sind hier natürlich ebenso gemeint.

Viel Erfolg auf dem Weg zu Ihrem Traumberuf wünscht Ihnen

Birgit Adam

1
Mythos oder Wahrheit: Generation Praktikum

2005 prägte Matthias Stolz in der *Zeit* den Begriff „Generation Praktikum". Damit beschrieb er die Lage junger Hochschulabsolventen, die ein Praktikum nach dem anderen absolvieren, um keine Lücken im Lebenslauf zu haben, und dabei stets auf eine Festanstellung hoffen. Ihnen gegenüber stehen die Unternehmen: Sie wollen mit dem Einsatz von Praktikanten das Risiko umgehen, neue Mitarbeiter einzustellen. Das bringt ihnen vor allem finanzielle Vorteile, denn die Praktikanten leisten für ein geringes Gehalt oder sogar umsonst manchmal die Tätigkeiten „normaler" Arbeitnehmer. Ein Jahr später schaffte es die „Generation Praktikum" sogar auf den zweiten Platz bei der Wahl zum Wort des Jahres.

Ob es aber wirklich eine „Generation Praktikum" gibt, ist umstritten. Anders etwa als Arbeitslose werden Praktikanten statistisch nirgends erfasst – genaue Zahlen, wie viele Hochschulabsolventen zu unfreiwilligen Dauerpraktikanten werden, gab es 2005 nicht und gibt es auch heute nicht. Dazu kommt, dass dieses Phänomen, wenn es denn existiert, in erster Linie die Absolventen geistes- oder sozialwissenschaftlicher Studiengänge betrifft. Wer technische oder naturwissenschaftliche Fächer studiert hat, hat in der Regel weit weniger Probleme, eine feste Stelle zu finden. In den Medien wurde es jedoch so dargestellt, als wären alle Hochschulabsolventen ewige Praktikanten.

Im Mai 2011 meldete dann der *Spiegel*: Die „Generation Praktikum" sei eine Legende. Zwar habe die Zahl der Praktika nach einem beendeten Studium tatsächlich zugenommen, doch von einem Massenphänomen könne dabei nicht die Rede sein. Lediglich im Bereich der Geistes- und Sozialwissenschaften sei es üblich, dass auch nach dem Hochschulabschluss Praktika absolviert werden. So erklärten die Medien etwas zu einem Problem einer ganzen Generation, was höchstens auf einen Teil zutrifft.

Wie auch immer: Für einen Studierenden oder Hochschulabsolventen, der ein Praktikum machen will oder muss, kommt es darauf an, dass er seine Pflichten, aber auch seine Rechte kennt. Denn es gibt sehr wohl Bestrebungen, die Stellung von Praktikanten zu verbessern. So haben sich bereits 1.500 Unternehmen in der Fair-Company-Initiative des *Handelsblatt* verpflichtet, keine Absolventen mehr als Praktikanten zu beschäftigen.

Wofür ist ein Praktikum gut?

Ein Praktikum dient vor allem dazu, praktische Arbeitserfahrungen zu sammeln, die im eher theoretischen Studium nicht vermittelt werden. Zudem bietet es Studierenden eine gute Möglichkeit, in gewisse Branchen hineinzuschnuppern und Aufgabengebiete und Unternehmen kennenzulernen. Im besten Fall lernen Sie in einem Praktikum den ganz normalen Arbeitsalltag kennen – mit all seinen positiven und negativen Facetten. Auch Kontakte können Sie durch ein Praktikum knüpfen.

Praktika sind jedoch nicht dafür da, die Zeit totzuschlagen, bis Sie endlich einen richtigen Job gefunden haben. Wenn irgendwann einmal zehn Praktika in Ihrem Lebenslauf stehen, wirkt das so, als wüssten Sie nicht, wo Sie hinwollen. Ein Praktikum sollte immer Teil eines Plans sein und Sie auf dem Weg zum Traumjob einen Schritt weiterbringen.

Die Perspektive der Unternehmen

Warum Sie als Student praktische Erfahrungen sammeln sollten, ist Ihnen bestens bekannt, doch was haben eigentlich die Unternehmen für einen Nutzen von diesen Praktikanten? Schließlich verursachen sie Arbeit – sie müssen eingearbeitet und betreut werden –, bleiben aber oft nur so kurz in der Firma, dass sie die in sie investierte Mühe gar nicht wieder einbringen können, möchte man meinen. Und trotzdem beschäftigen Unternehmen jedes Jahr etliche Praktikanten – der Westdeutsche Rundfunk (WDR) zum Beispiel bietet jedes Jahr 500 Schülerpraktika und 400 Praktika für Studierende an. Das tun Unternehmen natürlich nicht aus reiner Nächstenliebe. Vielmehr setzen sie große Hoffnungen in diese Schützlinge. Vielleicht findet sich hier ja ein zukünftiger talentierter Mitarbeiter oder gar der Kandidat für eine Führungskraft. Bei einem Praktikum hat eine Firma die Möglichkeit, einen potenziellen zukünftigen Mitarbeiter über einen längeren Zeitraum zu beobachten und ihn so besser einzuschätzen als „nur" durch Bewerbungsunterlagen und Vorstellungsgespräch – und das alles ohne große Verpflichtungen. Auf diese Weise ziehen sich viele Unternehmen systematisch ihren Nachwuchs heran und haben schon einen Kandidaten parat, wenn es später einmal darum geht, eine Stelle zu besetzen.

Natürlich spielt auch die Arbeitskraft des Praktikanten in den Augen der Unternehmen eine Rolle, denn so haben sie die Möglichkeit, unbearbeitete Projekte in Angriff zu nehmen oder zum Beispiel zur Urlaubszeit andere Mitarbeiter zu entlasten. Ein Praktikant ist hier zumeist die billigste Lösung, da er nicht die hohen Lohnnebenkosten eines Festangestellten verursacht. Auch in Bereichen wo „Not am Mann" ist, wie zum Beispiel bei Teamprojekten, greifen Unternehmen gern auf Praktikanten zurück, da sie sich dort gut beobachten lassen.

Schließlich erhoffen sich Unternehmen noch etwas anderes von einem Praktikanten: neue Impulse. Denn im Gegensatz zu langjährigen Mitarbeitern ist ein Praktikant noch nicht „betriebsblind" und kann Schwachstellen und Verbesserungsmöglichkeiten bei den unterschiedlichen Arbeitsabläufen häufig schnell erkennen. Der Zögling bringt frischen Wind in festgefahrene Strukturen.

Erwartungen, Vorurteile und die Realität

So unterschiedlich wie die Studenten selbst sind auch die Erwartungen, die sie mit einem Praktikum verbinden.

> **Beispiel**
>
> Alexander sieht sein Praktikum in einer sozialen Einrichtung als lästige Pflicht, die in der Studienordnung vorgeschrieben ist und ihn in den Semesterferien vom Jobben abhält. Jana dagegen möchte in die Verlagsbranche hineinschnuppern und sehen, ob ihr der Beruf der Lektorin überhaupt liegt. Katharina möchte in ihrem Praktikum in einer Grafikagentur endlich in die Praxis umsetzen, was sie im Studium lernt. Niklas will unbedingt einen Fuß in ein bestimmtes Unternehmen bekommen und nutzt ein Praktikum, um sich dort bekannt zu machen und Kontakte zu knüpfen. Und Meike absolviert ein Praktikum nach dem anderen, weil sie auf der Suche nach einer festen Stelle ist und hofft, dass sie irgendwo „kleben bleibt".

Machen Sie sich klar, was ein Praktikum für Sie leisten soll und welche Erwartungen Sie an Ihre Stelle haben. Denken Sie daran, dass Sie für ein Praktikum einige Wochen oder Monate Ihrer Zeit opfern und dafür kaum Geld erhalten. Sie müssen also einen anderen Nutzen daraus ziehen – und deshalb sollten Sie sich klar werden, wie dieser Nutzen aussehen soll. Qualifiziert Sie das Praktikum weiter? Lernen Sie etwas? Passt es zu Ihnen und Ihrem angestrebten Berufsziel?

Ein Praktikum ist keine Jobgarantie

Eines ist ein Praktikum allerdings nur selten: eine Jobgarantie. Gerade Hochschulabsolventen werden oft mit der Aussicht auf eine spätere Übernahme geködert – warum auch sonst sollten sie mehrere Monate umsonst arbeiten? Sprechen Sie das Thema Übernahme frühzeitig an. Keinesfalls sollten Sie sich mit einer Verlängerung des Praktikums abspeisen lassen.

Unterschiedliche Praxis

So unterschiedlich wie die Erwartungen an ein Praktikum ist auch die Realität der Praktikantenstellen. Von Ausbeutung bis Kaffeekochen ist hier alles möglich. Und während Praktikant A mit dem Kaffeekochen und Kopieren noch ganz glücklich ist, weil er eine ruhige Kugel schieben und das vorgeschriebene Pflichtpraktikum so stressfrei wie möglich hinter sich bringen möchte, ist Praktikant B mit dieser Unterforderung unzufrieden, weil er lieber einmal zeigen möchte, was in ihm steckt.

Es ist leider keine Seltenheit, dass Praktikanten ausgenutzt werden und vollwertige Arbeit abliefern, dafür aber kein oder nur wenig Geld bekommen. Das ist nicht der Sinn eines Praktikums, denn bei einem Praktikum sollte der Lerneffekt im Vordergrund stehen. Wenn Sie so viele Kenntnisse mitbringen, dass Sie bereits selbstständig einen Job übernehmen können, dann sind Sie in einem Praktikum fehl am Platz.

Aber auch die andere Seite des Spektrums ist möglich: Praktikanten werden eingestellt, um die Arbeiten zu erledigen, die sonst keiner machen will. So verbringen sie die Zeit mit der Ablage, Kopierarbeiten oder Kaffeekochen. Das ist ebenfalls nicht der Sinn eines Praktikums. Und es bringt Sie auch nicht weiter, wenn Sie in Ihrem Traumunternehmen arbeiten, dort aber nur die Rechnungen sortieren und abheften. Wie Sie mit Problemen im Praktikum umgehen, erfahren Sie im Kapitel „Was tun, wenn's nicht so gut läuft?" ab Seite 141.

Praktikantenreport 2012
Das Internetportal „Mein Praktikum" (www.meinpraktikum.de) hat über 5.500 Praktikumsbewertungen analysiert, die zwischen Januar und Dezember 2011 auf dem Portal eingestellt wurden. Die Ergebnisse wurden zu einem „Praktikantenreport" zusammengefasst und können auf der Website heruntergeladen werden. Laut dieser Studie ist mehr als die Hälfte (65,8 Prozent) der Praktikanten zufrieden mit ihrem Praktikum.

Was erwartet ein Unternehmen von Ihnen?

Auch das Unternehmen stellt Erwartungen an Sie. Neugierig und aufgeschlossen sollten Sie sein und dem Unternehmen zeigen, dass Sie das Praktikum nicht nur als nötige Pflicht sehen, sondern bereit sind, etwas zu lernen und sich zu engagieren. Ihr Arbeitgeber auf Zeit erwartet von Ihnen, dass Sie sich an die Spielregeln des Unternehmens halten und keine Probleme verursachen. Fragen zu stellen ist natürlich erlaubt. Schließlich machen Sie ein Praktikum und lernen noch. Ein Unternehmen, das Praktikanten fair behandelt, weiß das.

2
Ein Wort, viele Bedeutungen: Was heißt Praktikum überhaupt?

Das wichtigste Unterscheidungsmerkmal bei einem Praktikum besteht darin, ob es sich um ein freiwilliges Praktikum oder ein Pflichtpraktikum handelt, das in der Studienordnung vorgeschrieben ist. Dies spielt nämlich unter anderem für Finanzierung und Rentenversicherungspflicht eine Rolle. Auch ob ein Praktikum während des Studiums oder im Anschluss an das Studium durchgeführt wird, wirkt sich auf Finanzierung und Sozialversicherung aus. In diesem Kapitel werden die verschiedenen Möglichkeiten, praktische Erfahrungen zu sammeln, vorgestellt.

Was soll/kann ein Praktikum leisten?

In einem Praktikum sollen die im Studium erworbenen Kenntnisse und Fähigkeiten durch praktische Arbeit vertieft werden. In geistes- oder sozialwissenschaftlichen Studiengängen dienen Praktika auch dazu, neue Kenntnisse und Fähigkeiten durch die Mitarbeit in Unternehmen zu erwerben. So sammeln die Studierenden Praxiserfahrungen, die ihnen im theoretischen Studium an den Hochschulen nicht vermittelt werden können.

Beispiel

Sebastian hat gerade sein Abitur gemacht und will Maschinenbau studieren. Die Studienordnung seiner Hochschule schreibt vor, dass er bereits vor Studienbeginn ein sechswöchiges Praktikum absolvieren muss. Deshalb arbeitet er gerade bei einem Motorenhersteller.

Stefanie studiert Kommunikationsdesign. Das fünfte Semester ist in ihrem Studiengang als Praxissemester vorgesehen. Dieses absolviert sie in einer Werbeagentur.

David hat sein Politikwissenschaftsstudium bereits abgeschlossen. Er möchte im Journalismus arbeiten, doch mit Jobs oder einem Volontariat sieht es zurzeit schlecht aus. Also absolviert er ein sechsmonatiges Praktikum bei einer Nachrichtenagentur – und hofft, sich dort so zu profilieren, dass er übernommen wird.

Diese drei Beispiele zeigen: Praktika lassen sich zu unterschiedlichen Zeitpunkten und aus unterschiedlichen Gründen machen. Über einen Kamm scheren lassen sie sich nicht.

Ein Praktikum ist zum Lernen da

Dieser Lerneffekt sollte im Mittelpunkt des Praktikums stehen, und das gilt für beide Seiten. Studierende können nicht erwarten, mit einem Praktikum Geld zu verdienen und so für ihren Lebensunterhalt zu sorgen. Unternehmen auf der anderen Seite sollten Praktikanten nicht als Ersatz für vollwertige Arbeitskräfte einsetzen, sondern ihnen in erster Linie Fähigkeiten und Kenntnisse vermitteln, die die Studierenden für ihre spätere Berufstätigkeit benötigen. Dazu gehört unter anderem auch ein fester Ansprechpartner im Unternehmen, der den Praktikanten betreut.

Was ein Praktikum für einen Praktikanten leisten kann, hängt auch davon ab, in welcher Lebensphase sich ein Praktikant befindet und welche Vorkenntnisse er bereits mitbringt. Ein Praktikant, der vor Studienbeginn ein Vorpraktikum absolviert, ist oft noch nicht in der Lage, selbstständig zu arbeiten. Für ihn stellt das Praktikum in erster Linie eine Möglichkeit dar, in seinen gewünschten Beruf hineinzuschnuppern und festzustellen, ob dieser auch seinen Erwartungen entspricht. Wer dagegen bereits einen Hochschulabschluss in der Tasche hat, darf mit anspruchsvolleren Aufgaben rechnen.

Weitere Kenntnisse, Kontakte und Referenzen

Neben den Kenntnissen, die unmittelbar mit dem Beruf zusammenhängen, erwerben Praktikanten in einem Praktikum noch jede Menge anderer Fähigkeiten: Sie lernen, wie man mit Kunden umgeht (auch mit schwierigen), arbeiten mit anderen im Team zusammen und nehmen an Meetings teil. Sprich: Sie erwerben sogenannte Soft Skills wie Organisieren, Teamfähigkeit oder Flexibilität, wie sie in Stellenanzeigen oft gefordert werden.

Schließlich sind Praktika auch eine gute Gelegenheit, Kontakte zu knüpfen, denn Sie lernen dabei ja jede Menge Menschen kennen, die in Ihrem Wunschberuf oder der gewünschten Branche arbeiten. Bleiben Sie daher auch nach dem Praktikum in Kontakt mit „Ihrem" Unternehmen.

Zu guter Letzt dient Ihnen Ihr Praktikum auch als Referenz in Ihrem Lebenslauf. Allein mit einem Hochschulabschluss – und mag er auch noch so gut sein – findet man heute kaum noch einen Job. Ihr potenzieller Arbeitgeber will wissen, ob Sie Erfahrungen in der Praxis gesammelt haben und Kenntnisse mitbringen, die für Ihren zukünftigen Job relevant sind. Mit den richtigen Praktika heben Sie sich von anderen Bewerbern ab und machen sich so für Ihren Arbeitgeber interessant.

Wie unterscheidet sich ein Praktikum von einem Job?

Praktikum und Job haben eine unterschiedliche Zielsetzung. Während es in einem Praktikum ganz klar darum geht, praktische Kenntnisse im gewählten Beruf zu sammeln, steht bei einem Studentenjob das Geldverdienen im Vordergrund.

Beispiel

Julia und Tobias sind beide bei einem Versandunternehmen beschäftigt. Julia macht dort ein Praktikum in der Marketingabteilung, Tobias jobbt im Versand. Bei Julia ergänzt das Praktikum ihr Betriebswirtschaftsstudium. Sie lernt dort Dinge, die ihr an der Hochschule nicht vermittelt werden, zum Beispiel Kundenbefragungen durchzuführen und Social Media wie Facebook oder Twitter als Mittel der Kundenbindung einzusetzen. So darf sie zum Beispiel den Facebook-Auftritt des Unternehmens mitbetreuen. Dafür erhält sie nur eine geringe Bezahlung, denn als eigentliche „Vergütung" gilt hier das praktische Know-how. Die Aufgaben von Tobias sind weit weniger anspruchsvoll: Er arbeitet im Lager und bereitet Artikel für den Versand vor. Für sein Lehramtsstudium kann er diese Tätigkeiten nicht brauchen – dafür aber die 12 Euro, die er pro Stunde erhält. Bei seinem Job steht das Geldverdienen im Vordergrund, auf die Tätigkeit kommt es ihm dagegen nicht so sehr an.

Nicht selten absolvieren Studierende Praktika, bei denen es nicht in erster Linie ums Lernen geht, sondern in denen sie die Arbeit eines „normalen" Angestellten verrichten. Bei diesen Arbeitsverhältnissen handelt es sich faktisch nicht um ein Praktikum. Eigentlich müsste der Arbeitgeber hier also das branchenübliche Gehalt zahlen. Erhält der Praktikant für seine Tätigkeit keine Bezahlung, so liegt ein auffälliges Missverhältnis zwischen Leistung und Gegenleistung nach § 138 II BGB vor. Die Grenzziehung ist nicht immer ganz einfach, denn gerade in kleineren Unternehmen gibt es keine „Probierarbeitsplätze", sondern die Praktikanten sind in die ganz normalen Abläufe und Arbeiten eingebunden.

Die verschiedenen Praktikumsarten

In manchen Studiengängen ist ein Praktikum vorgeschrieben und fest in der Studienordnung verankert. Man spricht dann von einem Pflichtpraktikum. Daneben gibt es aber auch freiwillige Praktika, deren Gestaltung den Studierenden weitgehend selbst überlassen bleibt. Ob ein Praktikum freiwillig oder Pflicht, bezahlt oder unbezahlt ist, ob Sie noch studieren oder bereits einen Hochschulabschluss in der Tasche haben: Diese Kriterien spielen eine Rolle, wenn es um Steuern oder Sozialversicherung geht. Deshalb ist es wichtig, die Unterschiede zwischen den verschiedenen Praktikumsarten zu kennen.

Schülerpraktikum

Durch ein Schülerpraktikum haben bereits Schüler die Möglichkeit, in die Arbeitswelt hineinzuschnuppern. In Mittel-/Hauptschulen und Realschulen finden solche Schülerpraktika meist in der 9. Klasse, in Gymnasien zwischen der 9. und der 11. Klasse statt. An baden-württembergischen Gymnasien zum Beispiel ist so ein Schülerpraktikum Pflicht.

Schülerpraktika finden häufig in der Woche vor den Oster- oder Herbstferien statt, sodass sie gegebenenfalls verlängert werden können. In dieser Zeit bekommen die Praktikanten eigene kleine Aufgaben übertragen, die sie selbstständig ausführen können. Ein solches Praktikum dient dazu, erste Eindrücke über die Arbeitswelt und einen Wunschberuf zu sammeln, damit sich die Schüler später aufgrund realer Erfahrung für eine Ausbildung oder ein Studium entscheiden können. Auch während der Sommerferien können Schüler solche Praktika absolvieren.

Für Schüler von Haupt- und Sonderschulen gibt es außerdem sogenannte Praxistage: Die Schüler arbeiten einen Tag pro Woche in einem Unternehmen, die restlichen vier Tage gehen sie „normal" zur Schule. So sollen sie langsam an die Arbeitswelt herangeführt werden und Kontakte zu Unternehmen knüpfen. Oft ergibt sich aus diesen ersten Kontakten eine spätere Ausbildungsstelle bei diesem Unternehmen.

Bei der Vermittlung von Schülerpraktika hilft häufig die Schule. Vergütung gibt es für diese Praktika in der Regel nicht. Sozialversicherungspflicht besteht nicht, da die Schüler nach wie vor bei ihren Eltern mitversichert sind.

Pflichtpraktikum

Besonders an Fachhochschulen oder Hochschulen und Universitäten, die großen Wert auf Praxisbezug legen, sind Praxismodule häufig Bestandteil des Studiums. Studierende sollen dort fachliche Fertigkeiten erwerben und das an der Hochschule erlernte Wissen praktisch erproben. Vor allem im technischen und sozialpädagogischen Bereich sind so gut wie immer Praktika vorgeschrieben. Auch in Lehramtsstudiengängen, Medizin und Rechtswissenschaft gehören Praxisphasen fest zum Ausbildungsplan. Schlecht sieht es dagegen bei den meisten geisteswissenschaftlichen sowie wirtschafts- und sozialwissenschaftlichen Studiengängen aus: Hier bleibt es den Studenten selbst überlassen, ob und wie sie praktische Erfahrungen sammeln.

Bei einem geregelten Pflichtpraktikum gibt die Hochschule oder Universität die Rahmenbedingungen des Praktikums vor und schreibt sie in der Praktikumsordnung fest. Dazu gehören:

- Art des Praktikums (Vorpraktikum, studienbegleitendes Praktikum, Praxissemester),
- Nachholfristen für Vorpraktika,
- Dauer des Praktikums,
- Zeitpunkt im Studium,
- Inhalte des Praktikums,
- Art der Dokumentation, zum Beispiel Berichtsheft,
- Anerkennung von Praxiszeiten.

Die Praktikumsordnungen sind meist bei der Studienberatung erhältlich, gelegentlich auch im Prüfungsamt oder bei anderen Stellen.

Als Nachweis für das Praktikum benötigt die Hochschule oder Universität in der Regel zunächst einmal den Praktikantenvertrag, nach Ableistung des Praktikums außerdem eine Bestätigung oder ein Zeugnis des Unternehmens. Außerdem verfasst der Studierende einen Praktikumsbericht oder führt begleitend ein Berichtsheft, in dem er seine Tätigkeiten und Erfahrungen vermerkt.

Die Vorgaben für Pflichtpraktika legt jede Hochschule oder Universität individuell fest, sie können sich von Ausbildungseinrichtung zu Ausbildungseinrichtung stark unterscheiden. Bei einem Wechsel der Ausbildungsstätte ist es daher besonders wichtig, sich zu informieren, ob absolvierte Praktika anerkannt werden.

Unter bestimmten Umständen kann ein Praktikum auch erlassen werden, zum Beispiel wenn ein Studierender bereits über eine abgeschlossene Berufsausbildung in seinem Fachbereich verfügt oder auf andere Weise praktische Erfahrungen gesammelt hat. Ansprechpartner in einem solchen Fall ist das Prüfungsamt oder das Praktikantenamt der jeweiligen Hochschule oder Universität.

In einigen Studiengängen müssen angehende Studenten bereits vor Studienbeginn ein sogenanntes **Vor- oder Grundpraktikum** absolvieren, um sich überhaupt für das gewählte Studienfach einschreiben zu können. Dieses Vorpraktikum kann zwei bis sechs Monate dauern. Es ist daher wichtig, dass Sie sich rechtzeitig vor der Einschreibung über solche Zulassungsvoraussetzungen informieren, denn so können Sie die Zeit zwischen Abitur und Studienbeginn sinnvoll nutzen. Auch hier kann unter Umständen eine abgeschlossene Berufsausbildung oder Praxiserfahrung aus Bundeswehr oder Bundesfreiwilligendienst (BFD) das Vorpraktikum ersetzen. So wird zum Beispiel im Sozialwesen eine Ausbildung als Erzieher in der Regel als Vorpraktikum anerkannt. Ansprechpartner ist auch in diesem Fall das Praktikantenamt Ihrer

Hochschule oder Universität. Lassen Sie sich stets eine schriftliche Bestätigung darüber geben, welche Teile Ihrer Ausbildung anerkannt werden.

> **Tipp: Infos zu Studiengängen und Pflichtpraktika**
>
> Informationen über Hochschulen und Studiengänge bietet das Buch „Studien- und Berufswahl", das jedes Jahr im August von der Kultusministerkonferenz zusammen mit der Bundesagentur für Arbeit herausgegeben wird. Dort erfahren Sie auch, welche Studiengänge Pflichtpraktika enthalten. Im Internet finden Sie diese Informationen unter www.studienwahl.de.

Früher wurden Pflichtpraktika meist während des Studiums in der vorlesungsfreien Zeit durchgeführt, oft noch innerhalb des Grundstudiums. Nach der Hochschulreform im Zuge des Bologna-Prozesses ist dies jedoch nicht mehr so einfach möglich, da die Studierenden in der vorlesungsfreien Zeit nun Prüfungen absolvieren müssen. Deshalb nehmen Pflichtpraktika häufig die Form eines **Praxissemesters** an – dies ist oft in der Studienordnung so vorgeschrieben.

Auch bei einem Praxissemester gilt: Dauer und Inhalt müssen der Prüfungsordnung der Hochschule entsprechen. Als Nachweis benötigen Sie meist Berichte und eine Bestätigung des Unternehmens. Unter Umständen müssen auch Veranstaltungen zur Vor- und Nachbereitung besucht werden. Für die Anerkennung von Praxiszeiten sind wiederum Prüfungs- bzw. Praktikantenamt zuständig.

Gerade wenn Studiengänge ein Pflichtpraktikum verlangen, ist die Hochschule ihren Studenten häufig bei der Suche nach einem Praktikumsplatz behilflich. Wer auf eigene Faust sucht, sollte sich vergewissern, dass die Stelle auch den in der Prüfungsordnung festgelegten Zielen und Inhalten entspricht. Ziel eines Pflichtpraktikums ist nämlich vor allem die praktische Umsetzung der im Studium erworbenen theoretischen Kenntnisse, die die Studierenden auf ihre spätere Tätigkeit vorbereiten soll.

Darüber hinaus gibt es auch **ungeregelte Pflichtpraktika**, bei denen die Hochschule lediglich Zeitpunkt und Dauer festlegt, die weitere Gestaltung bleibt dem Studierenden überlassen. Ein fachlicher Bezug zum Studiengang sollte natürlich vorhanden sein, doch letztendlich sind auch Praktikumsordnungen nur Richtlinien. Wenn Sie zum Beispiel Marketing studieren, schreibt Ihnen Ihre Hochschule nicht vor, ob Sie Ihr Praktikum nun bei einem großen multinationalen Konzern oder einer kleinen Plattenfirma absolvieren. Wichtig ist, dass Sie eine Verbindung zu Ihrem späteren Berufsziel aufbauen können.

Da Pflichtpraktika als Teil des Studiums gelten, gibt es in der Regel keine oder nur eine geringe Vergütung. Werden Sie trotzdem für Ihre Praktikantentätigkeit bezahlt, so werden unter Umständen Abgaben zur Sozialversicherung fällig. Näheres dazu erfahren Sie im Kapitel „Rund ums Geld: Sozialversicherung, Finanzierung, Steuern" ab Seite 125.

Freiwilliges Praktikum

Der Großteil der geisteswissenschaftlichen sowie sozial- und wirtschaftswissenschaftlichen Studiengänge schreibt nach wie vor keine Pflichtpraktika vor. Mit dem Studienabschluss erhält der Absolvent einen Titel wie Bachelor oder Master, der zwar zur Ausübung vieler Berufe berechtigt, aber in keinen eindeutigen Beruf mündet. Deshalb ist es gerade in den Fächern, die auf kein bestimmtes Berufsziel hinführen, besonders wichtig, frühzeitig praktische Erfahrungen zu sammeln, denn die Studieninhalte sind hier sehr breit gefächert und den Absolventen stehen viele verschiedene Wege offen. Alles, was über die rein fachlichen Qualifikationen hinausgeht, müssen sich Studierende selbst erarbeiten. Die Erfahrungen aus der Praxis motivieren zum Weiterlernen und können Anregungen geben, welche Bereiche Sie in Ihrem Studium vertiefen wollen. Darüber hinaus ist ein freiwilliges Praktikum eine gute Möglichkeit, schon während der Studienzeit Kontakte zu knüpfen, die Ihnen nach dem Studienabschluss vielleicht nützlich sind. Nicht zuletzt freut sich vor allem Ihr zukünftiger Arbeitgeber, wenn Sie bereits praktische Erfahrungen auf Ihrem Tätigkeitsgebiet mitbringen, denn so können Sie sich von Anfang an nützlich machen und die Einarbeitungszeit verkürzt sich oft erheblich. Ein Bewerber mit Praxiserfahrung hat daher immer einen entscheidenden Vorteil gegenüber einem reinen Theoretiker – selbst wenn dessen Abschlussnote eine glatte Eins ist!

Beginnen Sie also gerade in einem Studiengang, der kein Praktikum vorschreibt, frühzeitig damit, praktische Erfahrungen zu sammeln. Wo Sie Ihr Praktikum absolvieren, wie lange es dauert und welchen Bereich Sie sich aussuchen, bleibt Ihnen weitgehend selbst überlassen. Als Orientierungspunkt dient dabei stets Ihr Berufsziel – richtig ist, was Sie in dieser Richtung vorwärts bringt, indem Sie zum Beispiel Kontakte knüpfen oder spezielle Fähigkeiten erwerben.

[ ] **Tipp: Qualifiziertes Praktikumszeugnis verlangen**

Vergessen Sie nicht, sich auch bei einem freiwilligen Praktikum einen möglichst detaillierten Tätigkeitsnachweis oder besser noch ein qualifiziertes Zeugnis ausstellen zu lassen. Sie benötigen es zwar nicht fürs Studium, doch bei der späteren Suche nach einem Arbeitsplatz kann es sehr wohl von Nutzen sein: So zeigen Sie nämlich Ihrem potenziellen Arbeitgeber, was Sie alles auf dem Kasten haben. Genaueres zur Ausstellung eines Zeugnisses finden Sie im Kapitel „Was am Schluss steht" ab Seite 153.

Schließlich empfiehlt sich ein freiwilliges Praktikum auch für Studiengänge, bei denen ein oder mehrere Pflichtpraktika vorgeschrieben sind. Neben dem allgemeinen Einblick in die Berufswelt, die Ihnen diese Pflichtpraktika gewähren, bietet Ihnen ein zusätzliches freiwilliges Praktikum die Möglichkeit, Ihre Kenntnisse in einem bestimmten Tätigkeitsfeld zu vertiefen. Auch ein zusätzliches Praktikum im Ausland macht sich immer hervorragend im Lebenslauf – Tipps hierzu finden Sie im Kapitel „Spezialfall Auslandspraktikum" ab Seite 57.

Grundsätzlich haben Sie bei einem freiwilligen Praktikum zwei Möglichkeiten – je nachdem, wie selbstständig Sie arbeiten wollen. Wer seine ersten Schritte in den Arbeitsalltag macht und ein bestimmtes Berufsbild von der praktischen Seite kennenlernen möchte, ist mit einem **gelenkten Praktikum** am besten beraten, denn dabei wird er einer bestimmten Abteilung zugeteilt und dort betreut. Nach und nach gewinnen Sie so einen guten Überblick über das Tätigkeitsfeld und die im Arbeitsalltag anfallenden Aufgaben. Kleine Aufgaben können Sie dabei auch schon selbst erledigen, doch im Wesentlichen unterstützen Sie hier eine Abteilung. Die Dauer eines solchen gelenkten Praktikums beträgt meistens etwa zwei bis drei Monate. Wenn Sie dagegen schon etwas Arbeitserfahrung mitbringen und zum Beispiel bereits ein gelenktes Praktikum in einem bestimmten Bereich absolviert haben, können Sie diese Kenntnisse in einem **Projektpraktikum** vertiefen. Diese Art von Praktikum ist vor allem im Masterstudium zu empfehlen – vielleicht können Sie daraus ja sogar Ihre Masterarbeit entwickeln. Dabei bekommen Sie einen konkreten Auftrag, den Sie so selbstständig wie möglich ausführen. In einem Buchverlag kann dies unter Umständen die Betreuung eines Buchprojekts von der Konzeption bis zum fertigen Buch sein, wenn es sich um eine sehr schnelle Produktion handelt. Die Dauer eines Projektpraktikums hängt von der Art des Projekts ab. In jedem Fall können Sie dabei überprüfen, wie Ihnen die Arbeitsabläufe im gewählten Berufsbild liegen und wie Sie in einer weitgehend normalen Arbeitssituation zurechtkommen.

Die Anzahl der Praktika

Im Schnitt absolvieren deutsche Studenten im Laufe ihrer Universitätskarriere zwei bis drei Praktika. In Studiengängen mit Pflichtpraktikum ist die Anzahl genau festgelegt. Trotzdem kann es unter Umständen – zum Beispiel wenn Sie sich auf einen bestimmten Tätigkeitsbereich spezialisieren wollen oder Auslandserfahrung sammeln möchten – ratsam sein, noch ein oder zwei zusätzliche Praktika abzuleisten. Dies hängt ganz von Ihren individuellen Berufsvorstellungen ab.

Für freiwillige Praktika kann man nur schwer eine allgemeine Auskunft geben. Grundsätzlich gilt: Am Beginn Ihrer praktischen Tätigkeit sollte ein Praktikum stehen, das Ihnen einen Überblick über verschiedene Tätigkeitsfelder innerhalb Ihres gewählten Berufsziels verschafft. Sie sollten dabei etwa drei bis vier Abteilungen durchlaufen, sodass Sie nach dem Praktikum eine Vorstellung davon haben, welche Tätigkeiten das Berufsfeld umfasst. In einem zweiten Praktikum können Sie diese ersten Erfahrungen dann vertiefen und sich auf eine der Abteilungen konzentrieren, die Sie im ersten Praktikum durchlaufen haben. Nun können Sie beispielsweise ein Projektpraktikum absolvieren, bei dem Sie mit einer konkreten Aufgabe betraut werden. Je nachdem, ob Sie Ihre Kenntnisse noch in weiteren Bereichen vertiefen oder auch noch andere Unternehmen kennenlernen wollen, können Sie noch zusätzliche Praktika absolvieren. Je mehr praktische Erfahrungen Sie mitbringen, umso besser ist dies zunächst einmal. Allerdings macht es auf Personaler auch keinen allzu guten Eindruck, wenn Sie in jeden Semesterferien wahllos Praktika absolvieren, die nicht immer in einem erkennbaren Zusammenhang mit dem gewählten Berufsziel stehen. Diese Art von „Praktikaschwemme" lässt darauf schließen, dass Sie kein klar definiertes Ziel vor Augen haben und nicht so recht wissen, was Sie eigentlich wollen.

Unterscheidung nach dem Zeitpunkt des Praktikums

Neben dieser Unterscheidung zwischen Pflichtpraktikum und freiwilligem Praktikum kann man Praktika auch nach dem Zeitpunkt, zu dem sie absolviert werden, einteilen. So kann ein Praktikum noch während des Studiums durchgeführt werden: in der vorlesungsfreien Zeit, als Praxissemester oder auch studienbegleitend, zum Beispiel an einem festen Tag pro Woche über mehrere Monate lang. Sie können ein Praktikum jedoch auch nach dem Studienabschluss durchführen, um so noch weitere nützliche Erfahrungen für das Berufsleben zu sammeln.

Wer ein Praktikum im Anschluss an ein Studium durchführt, kann oft mit anspruchsvolleren Aufgaben rechnen als Studierende, die sich noch mitten in ihrer Ausbildung befinden. Ansonsten betreffen die Unterschiede zwischen einem Praktikum während der Studienzeit und einem Praktikum nach dem Hochschulabschluss hauptsächlich Sozialversicherung und Steuerfragen und werden daher im Kapitel „Rund ums Geld: Sozialversicherung, Finanzierung, Steuern" ab Seite 125 behandelt.

Vor allem bei einem Praktikum nach Hochschulabschluss ist Vorsicht geboten, denn oft sollen diese Praktikantenstellen normale Arbeitsplätze ersetzen. Die Praktikanten erbringen also die gleiche Leistung wie ein „normaler" Arbeitnehmer, erhalten dafür jedoch nur wenig oder gar keine Bezahlung. Dabei handelt es sich eigentlich nicht um ein Praktikum, sondern um ein verdecktes Arbeitsverhältnis. Häufig wird den Praktikanten hier auch eine Festanstellung in Aussicht gestellt, doch in der Regel kommt es dazu nicht. Stattdessen wird nach sechs Monaten einfach ein neuer Praktikant eingestellt. Auf solche „Scheinpraktika" sollten Sie sich daher nicht einlassen, auch wenn die Hoffnung auf eine eventuelle Übernahme noch so groß ist. Wird in der Stellenanzeige ausdrücklich ein Hochschulabschluss verlangt und ist das Praktikum für sechs Monate oder länger ausgeschrieben, sollten Sie misstrauisch werden.

3
Persönliche Bestandsaufnahme

Die Suche nach einem Praktikumsplatz verläuft in den Grundzügen genauso wie die Suche nach einer festen Arbeitsstelle, doch die Tragweite ist natürlich eine ganz andere – für den Praktikanten wie für das Unternehmen. Auch bei der Praktikumssuche steht die Analyse der persönlichen Voraussetzungen am Anfang. Ähnliche Gedanken haben Sie sich vermutlich bereits bei der Entscheidung für Ihr Studium gemacht, nun ist es an der Zeit, diese persönliche Bestandsaufnahme zu intensivieren. Vielleicht haben Sie Ihren Studiengang aber auch nur deshalb gewählt, weil Sie beispielsweise schon immer gern gelesen haben und Germanistik daher einfach nahe lag. Dann ist es nun allerhöchste Zeit, dass Sie sich Gedanken machen, zu welchem Beruf dieses Studium einmal führen soll. Diese Über-legungen sind nicht nur für ein freiwilliges Praktikum nötig, denn auch bei einem Pflichtpraktikum haben Sie einen gewissen Spielraum, sodass Sie persönliche Interessen und Neigungen berücksichtigen können.

Beispiel

Nina studiert Germanistik und Anglistik. Ihr ursprüngliches Ziel war, Lehrerin zu werden. Doch nach dem ersten Schulpraktikum stellt sie fest, dass ihr das Unterrichten nicht liegt, und sie möchte sich umorientieren. In den nächsten Semesterferien macht sie verschiedene Praktika: mal in einem Verlag, mal in einer Pressestelle. Nebenbei schreibt sie Artikel für die Lokalredaktion ihrer Heimatzeitung. Doch das Richtige ist nicht dabei. Als Nina mit dem Studium fertig ist, weiß sie nicht so recht, was sie nun tun soll. Sie nimmt wieder ein Praktikum auf: dieses Mal in einem Museum, wo sie eine Sonderausstellung organisiert. Aber auf die Frage „Was willst du eigentlich einmal werden?" hat Nina immer noch keine Antwort ... Sie müsste analytisch an ihr Problem herangehen.

Wo will ich hin?

Bevor Sie sich auf den Weg machen, müssen Sie erst einmal das Ziel kennen – sonst können Sie dort nicht ankommen. In Bezug auf ein Praktikum heißt das: Sie sollten wissen, welchen Beruf Sie einmal ausüben wollen. Nur so können Sie sich für ein Praktikum entscheiden, das Sie beruflich auch weiterbringt.

Um dieses Ziel zu erreichen, können Sie verschiedene Wege einschlagen. Wer zum Beispiel einmal Lektor werden möchte, denkt in erster Linie daran, sich bei einem Buchverlag um ein Praktikum zu bewerben. Doch auf dem Weg zu ihrem Ziel kann Ihnen auch Erfahrung in einer literarischen Agentur oder in einem Redaktionsbüro weiterhelfen. Selbst ein Job in einer Buchhandlung kann Ihnen nützen, denn so lernen Sie das Buchgeschäft von der anderen Seite kennen – und Sie erfahren, welche Menschen wie zu ihrer Lektüre kommen. Vielleicht interessieren Sie sich auch für eine bestimmte Branche, zum Beispiel Mode. Dann können Sie Praktika nutzen, möglichst viele Berufe dieser Branche kennenzulernen, vom Modedesigner über einen PR-Spezialisten, der die Modelabels vertritt, bis hin zum Modefotografen.

Für einen zukünftigen Arbeitgeber ist nicht in erster Linie wichtig, wie viele Praktika Sie absolviert haben, sondern dass Sie mit Ihren Praktika eine klare Linie verfolgen. Dies gilt ganz besonders für Praktika, die Sie absolvieren, nachdem Sie Ihr Studium bereits abgeschlossen haben. Sie wissen, wohin Sie wollen – und jedes Praktikum bringt Sie auf Ihrem Weg dorthin einen Schritt voran.

> **Übung**
>
> Sicher kennen Sie das auch: Wenn Sie morgens zu einem Uniseminar mit Anwesenheitspflicht müssen, kommen Sie nur schwer aus dem Bett. Wenn Sie dagegen an einem Tag etwas Besonderes vorhaben, hüpfen Sie auch um 6 Uhr früh gut gelaunt aus den Federn. Was sind das für Tätigkeiten, die Sie motivieren und antreiben? Was gefällt Ihnen daran so besonders? Gibt es Berufe, in denen Sie diese Dinge verwirklichen können?

Was will ich mit einem Praktikum erreichen?

Der nächste Schritt führt uns von der Gegenwart in die Zukunft: „Was soll mir das Praktikum bringen?", lautet eine weitere wichtige Frage der Selbstanalyse. Dass sich ein Praktikum aus den verschiedensten Gründen lohnen kann, wurde bereits mehrfach angesprochen. Ausschlaggebend für den Erfolg eines Praktikums sind dabei auch immer Ihre persönliche Motivation und Ihre privaten Gründe, die Sie zu einem Praktikum bewegen.

Sicherlich hatten Sie auch schon einmal den einen oder anderen Durchhänger in Ihrem Studium – sei es, weil es Ihnen zu theorielastig erschien oder der Prüfungsstress Sie ganz gewaltig schlauchte. In einer solchen Situation stellt man sich dann schon einmal die Frage, ob der gewählte Studiengang überhaupt der richtige ist oder ob man nicht doch besser eine Ausbildung gemacht hätte. In einer solchen Phase kann Ihnen ein Praktikum Klarheit verschaffen. Zum einen zeigt es Ihnen, was Sie nach Studienabschluss erwartet, und motiviert Sie so zum Weitermachen. Oder aber es führt Ihnen vor Augen, dass Ihre Entscheidung vielleicht doch nicht richtig war, und regt Sie an, neue Perspektiven zu finden.

Ebenfalls günstig ist ein Praktikum zu einem Zeitpunkt, wo Sie sich im Studium für eine bestimmte Richtung entscheiden und sich auf ein Fachgebiet spezialisieren müssen. Durch praktische Erfahrungen können Sie herausfinden, welche Arbeiten und Berufsfelder Sie am meisten interessieren. Daran können Sie sich dann in Ihrem weiteren Studium orientieren.

Zudem stellen Praktika eine gute Möglichkeit dar, sich einen genauen Überblick über die Teilbereiche des gewählten Berufs zu verschaffen. Sie finden heraus, ob der Arbeitsalltag wirklich so aussieht, wie Sie es sich vorgestellt haben, und welche Aufgaben im Einzelnen auf Sie zukommen werden. Außerdem erfahren Sie, auf welche Qualifikationen es dort wirklich ankommt, denn neben Ihren akademischen Kenntnissen sind in der Arbeitswelt auch Schlüssel- bzw. Zusatzqualifikationen gefragt.

Auch gegen Ende eines Studiums kann sich ein Praktikum noch lohnen, denn nun können Sie gezielt Kontakte zu Unternehmen knüpfen und diese später für den Berufseinstieg nutzen. Vielleicht hinterlassen Sie ja einen so guten Eindruck, dass Sie nach Beendigung Ihres Studiums gleich in ein Traineeprogramm aufgenommen werden. Zusätzlich können Sie sich von den „alten Hasen" im Unternehmen ein paar Tipps für einen erfolgreichen Berufseinstieg holen.

Familienbetrieb oder Konzern?
Schließlich sollten Sie auch die Größe eines Unternehmens in Ihre Entscheidung für einen Praktikumsplatz einbeziehen. In Großunternehmen ist die Bezahlung für Praktikanten oft besser als in mittelständischen Unternehmen. Auch eine bessere Einarbeitung ist hier zumeist gewährleistet, da genug Betreuungspersonen zur Verfügung stehen. Außerdem läuft das Praktikum sehr strukturiert ab, weil das Unternehmen immer wieder Praktikanten bei sich hat. Und natürlich wird mit einem großen Namen Qualität verbunden – mit Namen wie Siemens, Daimler oder Deutsche Telekom in Ihrem Lebenslauf kann jeder sofort etwas anfangen. Allerdings bleiben Praktikanten in einem Konzern meist fest in einer Abteilung und haben einen begrenzten Aufgabenbereich.

In mittelständischen Unternehmen dagegen bekommen Sie eher Einblick in verschiedene Tätigkeiten und dürfen schon früher eigenständige Aufgaben übernehmen, da Sie dort in erster Linie als Arbeitskraft und nicht als Kaffeekocher eingesetzt werden. Gerade für das erste Praktikum ist ein kleines oder mittelständisches Unternehmen zu empfehlen, da das Tätigkeitsfeld hier wesentlich größer ist und so einen guten Einstieg in den Traumberuf bildet. Letztendlich bleibt Ihnen diese Entscheidung selbst überlassen – wichtig ist, dass das Praktikum Sie auf Ihrem Weg zum Traumberuf einen Schritt weiter bringt.

Wer bin ich?

Vermutlich haben Sie im bisherigen Verlauf Ihres Studiums schon einen guten Eindruck gewonnen, was Sie an Ihrem Studienfach besonders interessiert und welche Gebiete Ihnen weniger liegen. Spätestens bei der Suche nach einem Praktikumsplatz gilt es nun, noch einmal in sich hineinzuhorchen und sich die folgenden Fragen zu stellen (und auch ehrlich zu beantworten). Das hilft bei der richtigen Auswahl und ist auch eine gute Vorbereitung auf das Vorstellungsgespräch.

Checkliste: Wer bin ich?

- Was will ich in meinem Leben erreichen?
- Welche Wünsche und Träume habe ich?
- Wo liegen meine Stärken?
- Wo liegen meine Schwächen?
- Welche Qualifikationen habe ich schon?
- Hatte ich in meinem Leben schon Erfolge oder Misserfolge?
- Welche Umstände trugen zum Erfolg bei bzw. führten zum Scheitern?
- Wie wirke ich auf andere?

Die ersten beiden Fragen sind für die Wahl eines Praktikumsplatzes noch nicht so wesentlich, denn schließlich verpflichten Sie sich hier ja nur für kurze Zeit, doch können diese Überlegungen Sie durchaus in die richtige Richtung führen. Größeres Augenmerk sollten Sie auf Ihre Stärken und Schwächen und auf die Erfolge und Misserfolge, zu denen diese vielleicht geführt haben, legen. In diesem Bereich ist es besonders wichtig, ehrlich zu sich selbst zu sein. Eine Karriere im Management mag auf Sie zwar durchaus anziehend wirken, doch wenn es Ihnen an Durchsetzungsvermögen und Selbstbewusstsein fehlt, ist dieser Berufsweg vielleicht doch nicht ganz das Richtige für Sie. Nehmen Sie daher Ihre Stärken und Schwächen gründlich unter die Lupe und überprüfen Sie, ob sich Ihre Berufswünsche damit auch wirklich vereinbaren lassen.

Wo liegen meine Stärken und Schwächen?

Im folgenden Kasten finden Sie 35 Eigenschaften. Erforschen Sie, welche davon bei Ihnen stark oder schwach ausgeprägt sind. Die Beschäftigung mit Ihren Stärken und Schwächen dient nicht nur der Selbstanalyse. Sie werden in Vorstellungsgesprächen häufig genau danach gefragt und sollten dann auch eine Antwort parat haben, ohne erst lange überlegen zu müssen.

Wichtige Eigenschaften für den Arbeitsalltag

Ausdauer	Flexibilität	Sensibilität
Anpassungsfähigkeit	Führungsqualitäten	Sorgfalt
Auffassungsgabe	Idealismus	Sprachliche Ausdrucks-
Aufgeschlossenheit	Kommunikationsfähigkeit	fähigkeit
Begeisterungsfähigkeit	Konzentrationsfähigkeit	Teamgeist
Belastbarkeit	Kreativität	Toleranz
Beobachtungsgabe	Kritikfähigkeit	Urteilsfähigkeit
Disziplin	Leistungswille	Verantwortungsbereitschaft
Durchsetzungsvermögen	Motivationsfähigkeit	Verhandlungsgeschick
Eigeninitiative	Organisationstalent	Willensstärke
Ehrgeiz	Risikobereitschaft	Zielstrebigkeit
Entscheidungsfreudigkeit	Selbstbewusstsein	Zuverlässigkeit

Qualifikationen und Kenntnisse

Ebenso wichtig wie diese charakterlichen Eigenschaften sind Qualifikationen, die Sie bereits erworben haben. Dazu zählt natürlich in erster Linie alles, was Sie während Schule und Studium gelernt haben, aber auch zusätzliche Kenntnisse wie zum Beispiel Textverarbeitung oder Fremdsprachen (Englisch gilt übrigens heutzutage schon fast nicht mehr als Fremdsprache, sondern ist praktisch eine Grundvoraussetzung für qualifizierte Tätigkeiten).

An erster Stelle stehen Ihre fachlichen Kenntnisse. Vielleicht können Sie sich einige Aspekte Ihres Studienfachs, die Sie noch nicht so ganz im Griff haben, durch ein Praktikum aneignen oder spezielle Fähigkeiten noch vertiefen. Überlegen Sie sich vor einem Praktikum gründlich, was es Ihnen bringen soll, sodass Sie den optimalen Nutzen für Ihr Studium daraus ziehen können.

Neben diesen rein fachlichen Qualifikationen, die Sie in Vorlesungen und Seminaren erwerben, eignen Sie sich im Laufe Ihres Studiums noch eine ganze Reihe weiterer Fähigkeiten an, auch wenn Ihnen dieser Vorgang vielleicht gar nicht bewusst ist. Dazu gehören zum Beispiel Literaturrecherche, das Beleuchten einer Ansicht aus verschiedenen Blickwinkeln oder das Erstellen eines Referats. Diese Fähigkeiten hängen nicht speziell mit Ihrem Studienfach zusammen, man nennt sie daher fächerübergreifende

Qualifikationen. Auch hier wird es wieder Dinge geben, die Ihnen mehr Freude machen und besser liegen als andere. Bei der Entscheidung für ein Praktikum sollten Sie sie daher in Ihre Überlegungen einbeziehen.

Berücksichtigen Sie bei Ihrer Selbstanalyse zudem auch Dinge, die Sie in Ihrer Freizeit unternehmen. Wenn Sie zum Beispiel Betreuer einer Jugendgruppe sind, können Sie vermutlich gut mit Menschen umgehen und haben gelernt, Konflikte zu schlichten und unterschiedliche Meinungen und Interessen unter einen Hut zu bringen. Auch dies sind Qualifikationen, an die Sie bei der Suche nach einem Praktikumsplatz denken sollten.

Der erste Schritt bei der Entscheidung für ein Praktikum führt also nach innen: Sie betrachten sich selbst und fragen sich: „Wer bin ich? Wo stehe ich jetzt gerade?"

Übung
Um herauszufinden, was Ihnen liegt und was Sie gern machen, hilft folgende Übung: Notieren Sie fünf Situationen, in denen Sie stolz auf sich waren. Das muss nicht unbedingt etwas aus dem Studium, der Schule oder einem Job sein. Ziehen Sie dazu auch Hobbys, Ehrenämter oder Erlebnisse mit Freunden oder der Familie heran. Welche Fähigkeiten haben Sie dabei eingesetzt? Was hat dazu beigetragen, dass Sie Erfolg hatten? Welche Stärken können Sie aus dieser Übung ableiten?

Wie wirke ich auf andere?
Selbsteinschätzung und Fremdeinschätzung klaffen häufig weit auseinander. Manche Menschen fühlen sich unsicher, wenn sie vor Publikum sprechen müssen oder sich in unvertrauten Situationen befinden, schaffen es aber, diese Unsicherheit so zu überspielen, dass sie trotz aller Nervosität souverän und kompetent erscheinen. Wieder andere meinen alles zu wissen und zu können, wirken dabei auf andere aber überheblich und arrogant.

> **Übung**
>
> Der folgende Test kann Ihnen Klarheit verschaffen, wie Sie auf andere wirken: Legen Sie die obige Liste mit Ihren Stärken und Schwächen einem guten Freund oder einem Familienmitglied vor und bitten Sie diese Person, Sie zu beurteilen. Oft ergeben sich dann ganz andere Wertungen, die aber nicht unbedingt negativ sein müssen.

Diese Fremdeinschätzung ist vor allem deshalb wichtig, weil Sie im Praktikum ja auch beurteilt werden. Zunächst geschieht dies im Vorstellungsgespräch, bei dem dieses Urteil entscheidet, ob Sie die Stelle bekommen oder nicht. Später fließt diese Fremdeinschätzung dann auch in Ihr Zeugnis ein. Mithilfe von Freunden und Verwandten erfahren Sie daher gut, in welchen Bereichen Sie noch an sich arbeiten müssen.

Weitere Faktoren

Neben den persönlichen Faktoren spielen noch weitere Überlegungen bei der Suche nach einem Praktikumsplatz eine Rolle. Ortsgebundenheit, Zeitmangel und das liebe Geld können die Suche nach einem Praktikumsplatz erheblich beeinflussen.

Mobilität

Wo wollen Sie Ihr Praktikum machen? Wenn Sie ortsgebunden sind, wird dies Ihre Wahlmöglichkeiten einschränken. Ein Wohnortwechsel verursacht zusätzliche Kosten. Hier müssen Sie genau abwägen, ob der Nutzen Ihres Praktikums diese Entscheidung wert ist.

Doch auch bei einem Praktikum am Wohnort kann fehlende Mobilität ein Hindernis sein. Viele Großunternehmen sind heute nicht mehr im Stadtzentrum angesiedelt, sondern in Industriegebieten und Technologieparks am Stadtrand. Die Anbindungen an das öffentliche Verkehrssystem sind häufig schlecht, im besten Fall steht Ihnen ein Werksbus zur Verfügung.

Der richtige Zeitpunkt

Bei einem Pflichtpraktikum schreibt Ihnen die Praktikumsordnung vor, bis zu welchem Zeitpunkt im Studium Sie das Praktikum absolviert haben müssen. Bei einem freiwilligen Praktikum können Sie diesen Zeitpunkt selbst wählen. Grundsätzlich gilt: Bringen Sie Pflichtpraktika so früh wie möglich hinter sich, denn so bleibt Ihnen mehr Zeit, die erworbenen Kenntnisse in Ihr Studium zu integrieren. Außerdem haben Sie danach Gelegenheit, noch ein weiteres Praktikum zu absolvieren und so Ihre praktischen Fähigkeiten weiter zu vertiefen oder auf ein anderes Gebiet auszudehnen. Und falls Sie bei Ihrem praktischen Arbeitseinsatz gemerkt haben, dass Ihr vermeintlicher Traumberuf doch nicht unbedingt das Gelbe vom Ei ist, haben Sie nicht ganz so viel Zeit verschwendet und können noch rechtzeitig umsatteln und falls nötig sogar das Studienfach wechseln.

Viele Hochschulen bieten die Möglichkeit, ein Vorpraktikum auch während der ersten Semester abzuleisten. Wenn es gar nicht anders geht, sollten Sie auf diese Möglichkeit zurückgreifen, doch es hat sich gezeigt, dass Erstsemester mit der Organisation ihres Studiums schon genug zu tun haben und spätestens mit den ersten Prüfungen und Klausuren ins Schleudern kommen. Wer dann auch noch ein Praktikum am Hals hat, kann nur schwer alle Seiten zufriedenstellen. Daher ist es ratsam, das Vorpraktikum tatsächlich vor Aufnahme des Studiums zu absolvieren, um sich später die Zeit fürs Lernen freizuhalten.

Der Großteil der Studierenden führt Praktika während der Semesterferien durch, entsprechend stark ist für diesen Zeitraum auch die Nachfrage. Häufig geht wertvolle Zeit verloren, weil Studenten Absagen nicht einkalkulieren oder zu spät mit der Suche beginnen. Grundsätzlich gilt: Mindestens drei Monate sollten Sie für die Planung eines Praktikums veranschlagen, für ein Auslandspraktikum sogar noch mehr. Gerade bei großen oder beliebten Unternehmen kann die Vorlaufzeit auch bis zu einem Jahr dauern. Beginnen Sie mit der Planung Ihres Praktikums spätestens in den Semesterferien vor den Ferien, in denen Sie das Praktikum absolvieren wollen, denn dann haben Sie noch genügend Zeit für das Verfassen der Bewerbungen. Dies gilt besonders, wenn Sie Praxisinitiativen an Ihrer Hochschule nutzen, denn wenn die Vorlesungen erst einmal begonnen haben, ist der Ansturm auf die wenigen Stellen viel größer als zur verhältnismäßig ruhigen Ferienzeit. Versteifen Sie sich bei Ihrer Suche auch nicht auf einen ganz bestimmten Praktikumsplatz, sondern bewerben Sie sich auf verschiedene Stellen. Die eine oder andere Absage kommt bestimmt und es ist immer noch besser, eine Stelle wieder abzusagen, als am Ende ganz ohne Praktikum dazustehen.

Bedenken Sie auch, dass die Sommerferien nicht unbedingt der beste Zeitpunkt für ein Praktikum sind, denn wegen der allgemeinen Urlaubszeit sind viele Unternehmen unterbesetzt und unter Umständen können Sie dann nicht richtig betreut werden.

Die heutigen Bachelor-Studiengänge lassen allerdings kaum mehr Zeit für ein Praktikum während des Studiums, da die Semesterferien von Prüfungen belegt sind. Drei Monate Praktikum am Stück – das ist oft nur mit einem Urlaubssemester möglich. Gefragt ist hier Flexibilität, und zwar auf beiden Seiten. Wer sagt denn, dass ein dreimonatiges Praktikum unbedingt am Stück absolviert werden muss? Stattdessen könnte der Praktikant zunächst vier Wochen Vollzeit, dann einen festen Tag pro Woche im Unternehmen sein.

Leider sieht die Praxis in den meisten Unternehmen anders aus: Noch immer wird am Vollzeit-Praktikum von drei und mehr Monaten Dauer festgehalten. Das ist einerseits verständlich, denn wie jeder Arbeitnehmer muss sich auch ein Praktikant erst einmal in das Unternehmen einleben und seinen Arbeitsplatz kennenlernen. Und das geht nun einmal besser, wenn er täglich vor Ort ist und so den gesamten Arbeitsalltag in seinem Bereich mitbekommt, nicht nur einen Ausschnitt. Zudem sind gerade in großen Konzernen die Praktika sehr gut strukturiert und durchorganisiert. Hier müssten also diese Strukturen und Organisationsabläufe verändert und angepasst werden, und das kostet viel Zeit und

Geld. Einige Unternehmen haben die Dauer ihrer Praktika dagegen bereits reduziert: Bei der Deutschen Telekom sind nun auch zweimonatige (statt wie früher drei- bis sechsmonatige) Praktika möglich. Damit reagierte das Telekommunikationsunternehmen auf rückgehende Bewerberzahlen für seine Praktikumsplätze.

Lässt sich das Praktikum partout nicht in den Studienablauf integrieren, bleibt nur die Möglichkeit, ein Urlaubssemester zu nehmen oder das Praktikum nach dem Studium oder zwischen Bachelor und Master zu absolvieren. Doch dann können Studierende ihren Studentenstatus verlieren und das kann zu Problemen mit dem Finanzamt und der Krankenversicherung führen. Näheres dazu erfahren Sie im Kapitel „Rund ums Geld: Sozialversicherung, Finanzierung, Steuern" ab Seite 125.

Die beste Zeit für ein Praktikum

Zeitpunkt	Vorteile	Nachteile
Semesterferien	kein Zeitverlust beim Studium	in der Regel nur kleiner Zeitraum
Urlaubssemester	mehr Zeit als während der Semesterferien, weniger Bewerber	Regelstudienzeit wird überschritten, eventuell Probleme bei Anschlussmodulen
zwischen Bachelor und Master	viel Zeit, Flexibilität	in der Regel kein Studentenstatus, begrenztes Stellenangebot
nach dem Master	viel Zeit und Fachwissen, Flexibilität, eventuell Übernahme in ein festes Arbeitsverhältnis	in der Regel kein Studentenstatus, begrenztes Stellenangebot

Die optimale Dauer eines Praktikums

In Studiengängen mit Pflichtpraktikum ist die Dauer des Praktikums durch die Studienordnung genau geregelt. Meist beträgt sie mindestens sechs Wochen, sie kann jedoch auch ein ganzes Praxissemester umfassen.

Das erste freiwillige Praktikum, bei dem mehrere Abteilungen eines Unternehmens durchlaufen werden, sollte etwa zwei bis drei Monate dauern, sodass Sie einen ausführlichen Einblick in die verschiedenen Tätigkeitsfelder erhalten. Auch ein folgendes Praktikum, bei dem Sie sich die ganze Zeit über in derselben Abteilung befinden, sollte mindestens sechs Wochen dauern. Bei einem Projektpraktikum dagegen richtet sich die Dauer des Praktikums nach dem Umfang des Projekts, mit dem Sie betraut werden. Vielleicht arbeiten Sie hier auch nur einen Tag pro Woche, dies jedoch über einen längeren Zeitraum hinweg.

Am üblichsten sind Praktika von drei Monaten Dauer, häufig werden jedoch vom Unternehmen sechs Monate gewünscht. Drei Monate sind in der Regel genug Zeit, um einen Einblick in den Arbeitsalltag zu gewinnen und praktische Erfahrungen zu sammeln. Gleichzeitig werden Sie aber nicht als billige Vollzeitkraft missbraucht.

Das liebe Geld

Die meisten Praktika sind unbezahlt oder werden nur sehr gering vergütet. Nur wer großes Glück und entsprechende Vorkenntnisse hat, kann auf eine Bezahlung von 500 bis 600 Euro pro Monat hoffen. Bei einem Praktikum, das länger als drei Monate dauert, ist meist eine Vergütung drin. Probleme bekommen vor allem die Studenten, die gleichzeitig noch für ihren Lebensunterhalt aufkommen müssen. Denn wer tagsüber ein Praktikum macht und abends kellnert, wird unter dieser Doppelbelastung leiden und nur schwer von seinem Praktikum profitieren können. Suchen Sie daher frühzeitig nach Möglichkeiten, den Verdienstausfall während des Praktikums auszugleichen, vielleicht können Sie ja etwas Geld zurücklegen oder auf die Hilfe der Eltern zurückgreifen.

Gut aufpassen müssen BAföG-Empfänger, denn sie können mit einem Praktikum ihre BAföG-Bezüge gefährden. Informieren Sie sich hier genau beim BAföG-Amt.

Einige Wochen ohne Verdienst auszukommen kann man sich mithilfe von Rücklagen oder elterlichen Zuwendungen vielleicht gerade noch leisten – doch was passiert, wenn das Praktikum zusätzliche Kosten verursacht? Fahrtkosten zur Arbeitsstätte werden vom Arbeitgeber auch bei einem unbezahlten Praktikum übernommen. Wenn Sie dagegen kurzfristig den Wohnort wechseln müssen, haben Sie keinen Anspruch auf Erstattung dieser Kosten.

> **[ ] Tipp: Günstig unterkommen im Studentenwohnheim**
> Wenn Sie während der Semesterferien ein Praktikum in einem anderen Ort absolvieren, können Sie versuchen, in einem Studentenwohnheim unterzukommen, denn dann stehen dort viele Zimmer leer. Auch Mitwohnzentralen bieten preisgünstige Unterkünfte.

Checkliste: So prüfen Sie das Praktikumsangebot

- Hängt das Praktikum mit Ihrem Studienziel und Ihrem Berufswunsch zusammen?
- Gibt es im Unternehmen ein spezielles Praktikantenprogramm?
- Wie lange dauert das Praktikum (mindestens zwei Monate)?
- Steht Ihnen ein Betreuer zur Seite?
- Haben Sie einen festen Aufgabenbereich?
- Arbeiten Sie an einem konkreten Projekt mit?
- Fördert das Projekt die eigenverantwortliche Erledigung anspruchsvoller Aufgaben?
- Gibt es eine Einarbeitungszeit?
- Durchlaufen Sie mehrere Abteilungen?

4
Wie finde ich einen Praktikumsplatz?

Nun wissen Sie also endlich, was Sie wollen. Sie haben sich mit Ihren persönlichen Voraussetzungen auseinandergesetzt und sich über Ihre rechtliche Situation als Praktikant informiert (siehe dazu Kapitel 7 ab Seite 111). Ihnen fehlt also „nur" noch der geeignete Praktikumsplatz. Doch woher nehmen und nicht stehlen? Im Stellenmarkt der Zeitung ist das Angebot eher spärlich, doch steht heutzutage ja eine Fülle von weiteren Medien und Informationsquellen zur Verfügung. Neben traditionellen Aushängen an der Uni und den Diensten von Arbeitsamt und Berufsinformationszentren ist vor allem das Internet eine wahre Fundgrube für Praktikantenstellen.

Kontakte, Aushänge, Anzeigen

Persönliche Beziehungen

Die einfachste Möglichkeit, eine Praktikumsstelle zu bekommen, ist natürlich das berühmte „Vitamin B": persönliche Kontakte zu einem Unternehmen. Trotzdem sollten Sie genau überprüfen, ob die Stelle auch wirklich zu Ihren Fähigkeiten und Interessen passt und der Praktikantenrichtlinie der Hochschule – falls es eine solche gibt – entspricht. Beachten Sie auch, dass manche Hochschulen Pflichtpraktika, die im Betrieb von Eltern oder anderen Verwandten absolviert werden, nicht anerkennen. In einem solchen Fall nützt Ihnen Ihr „Vitamin B" gar nichts.

> **Beispiel**
>
> Stefanie hat Ihr Praktikum über eine gute Freundin Ihrer Mutter gefunden. Sie arbeitet im Fremdenverkehrsbüro ihrer Heimatstadt und so kann Stefanie dort ein Praktikum in der Marketingabteilung absolvieren. Tobias träumt davon, einmal bei einem großen Automobilhersteller zu arbeiten. Einsteigen will er dort erst einmal als Praktikant. Er geht auf die Website des Autobauers und liest dort die aktuellen Ausschreibungen für Praktikanten. Zum Glück ist auch in seinem Bereich etwas dabei. Da er sich schon lange mit diesem Unternehmen befasst, fällt es ihm auch nicht schwer, eine motivierte Bewerbung zu verfassen. Sarah ist dagegen noch unentschlossen. Sie möchte „etwas mit Medien machen". Sie geht zu einer Online-Praktikumsbörse und sucht nach einem Praktikum im Bereich Medien in ihrer Heimatstadt. Sie sichtet die verschiedenen Angebote und entscheidet sich dann für das, was am besten zu ihr passt: ein Praktikum in einem kleinen Redaktionsbüro.

Aushänge an der Hochschule

Ein Unternehmen, das einen Praktikanten sucht, weiß natürlich genau, wo es möglichst viele potenzielle Kandidaten findet: direkt vor Ort, an der Uni oder FH. Deshalb finden sich an den Schwarzen Brettern der einzelnen Fachbereiche immer wieder auch Aushänge von Unternehmen, die Praktikantenstellen anbieten. Werfen Sie daher regelmäßig einen Blick auf diese Schwarzen Bretter – so entgeht Ihnen kein neues Angebot. Wenn nicht erkennbar ist, wie lange der Zettel schon am Schwarzen Brett hängt, empfiehlt sich erst einmal eine telefonische Kontaktaufnahme mit der Firma. So können Sie klären, ob die Stelle noch verfügbar ist.

Praktikantenamt der Hochschule

Wenn in einem Studiengang ein Pflichtpraktikum vorgeschrieben ist, hilft häufig das Praktikantenamt der Hochschule bei der Suche nach einem geeigneten Praktikumsplatz. Da jährlich viele Studenten ein Praktikum absolvieren müssen, verfügt die Hochschule bereits über zahlreiche Kontakte, die im Laufe der Jahre entstanden und gewachsen sind.

An Hochschulen, die kein eigenes Praktikantenamt haben, erledigt oft ein „Praxis-Professor" diese Aufgaben. Solch ein Professor verfügt über gute Verbindungen zu Unternehmen der verschiedensten Branchen, mit denen er teilweise schon lange zusammenarbeitet. Engagierte Studenten können auf seine Hilfe hoffen, wenn es darum geht, einen Praktikumsplatz zu finden, sogar eine Empfehlung durch den Professor ist möglich.

Praxisinitiativen

An vielen Hochschulen haben sich Praxisinitiativen gebildet, die den Studierenden unter anderem bei der Suche nach einem Praktikumsplatz mit Rat und Tat zur Seite stehen. So erhalten Sie dort zum Beispiel Verzeichnisse von Unternehmen mit Praktikums-plätzen und können sich an ehemalige Praktikanten wenden und diese nach ihren Erfahrungen befragen. Inzwischen gibt es über 100 solcher Praxisinitiativen in Deutschland. Sie stehen ausschließlich den Studierenden der jeweiligen Hochschule zur Verfügung. Diese Praxisinitiativen haben sich für ihre Arbeit zwei Schwerpunkte gesetzt: Zum einen vermitteln sie den Studierenden Zusatzqualifikationen wie Managementkenntnisse, Fremdsprachen und EDV-Kenntnisse. Zum anderen bieten sie den Studenten aber auch Einblicke in die Praxis, zum Beispiel durch Vorträge von Praktikern, Firmenkontaktmessen oder Kontaktpflege mit Absolventen.

Stellenanzeigen in der Tageszeitung und in Fachzeitschriften

In der Regel finden sich nur wenige Praktikumsanzeigen in Tageszeitungen, die meisten Stellenangebote richten sich an Absolventen oder qualifizierte Arbeitskräfte. Praktikantenstellen werden nur selten in Zeitungen ausgeschrieben, da Studenten meist von sich aus auf das Unternehmen zukommen. Sie können diese Anzeigen jedoch trotzdem zur Unternehmensrecherche verwenden und sich so unter anderem über die Anforderungen informieren, die das Unternehmen an seine Arbeitnehmer stellt. Bei den meisten Stellenanzeigen ist auch die Website des Unternehmens angegeben. Werfen Sie einen Blick darauf – vielleicht ist dort ja eine Praktikantenstelle ausgeschrieben?

Außerdem bietet Ihnen der Stellenmarkt Ihrer Tageszeitung einen guten Überblick über die Unternehmen und Branchen in Ihrer Region und zeigt Ihnen, welche Berufe im Augenblick gefragt sind. Beobachten Sie daher in der Vorbereitungszeit eines Praktikums den Stellenmarkt genau. Sie werden dort wertvolle Anregungen für Ihre Bewerbung finden.

In der Regel ist eine Stellenanzeige folgendermaßen aufgebaut:
- Angaben zum Unternehmen,
- Angaben zur Position und zum Aufgabengebiet,
- Anforderungen an den Bewerber,
- Informationen zum Bewerbungsverfahren, gewünschte Unterlagen.

Bei der Lektüre der Anzeigen werden Sie vermutlich erst einmal etwas blass werden, denn das Anforderungsprofil unterscheidet sich häufig sehr von Ihren eigenen Qualifikationen. Bedenken Sie dabei aber auch, dass hier natürlich der Traumkandidat der Firma beschrieben wird – wie viele Bewerber dieses Profil dann tatsächlich erfüllen, muss sich erst noch herausstellen. Die Anforderungsprofile zeigen Ihnen aber auch sehr schön, welche Qualifikationen in Ihrem Wunschberuf gefragt sind. Dazu zählen zum Beispiel EDV-Kenntnisse oder Fremdsprachen. Gehen Sie die Voraussetzungen einmal durch: Welche Qualifikationen haben Sie schon, woran müssen Sie noch arbeiten?

Zwei Gruppen, die in Stellenanzeigen leider nur selten explizit angesprochen werden, sind Geistes- und Sozialwissenschaftler. Diese sollten Stellenanzeigen besonders aufmerksam studieren. Wenn Sie alle anderen Anforderungen mitbringen und die ausgeschriebene Stelle nicht unbedingt auf ein ganz bestimmtes Studienfach (zum Beispiel Medizin oder Jura) zugeschnitten ist, steht einer Bewerbung eigentlich trotzdem nichts im Wege. Klären Sie durch einen Anruf im Unternehmen, ob auch Sie sich auf die ausgeschriebene Stelle bewerben können. Betonen Sie in einem solchen Fall besonders Ihre Schlüsselqualifikationen. Eine weitere Fundgrube für Praktika sind die Kleinanzeigen in Stadtmagazinen. Wenn Sie ortsgebunden sind, können Sie hier so manch wertvollen Tipp erhalten.

Praktikumsbörsen im Internet

Der Stellenmarkt hat sich – nicht nur für Praktikanten – in den letzten Jahren größtenteils aufs Internet verlagert. Die meisten Stellenbörsen im Internet haben zugleich eine Rubrik für Praktika. Häufig finden sich in den Stellenanzeigen gleich Links auf die Homepage des Unternehmens. Alle diese Dienste sind kostenlos, bei einigen Börsen muss man sich jedoch registrieren lassen, um die Angebote abfragen zu können.

Allgemeine Stellen- und Praktikumsbörsen

Die folgenden Stellen- und Praktikumsbörsen führen Praktika aus den unterschiedlichsten Fachbereichen auf:

- **Akademiker-Online** (www.akademiker-online.de) listet Praktikumsplätze, außerdem Abschlussarbeiten und Firmendaten. Die Suche ist nach Region und Fachrichtung möglich.
- **Die Personalvermittlung alma mater** (www.alma-mater.de) hat sich auf akademische Nachwuchskräfte spezialisiert und vermittelt Praktika, Traineestellen und Positionen für den Direkteinstieg. Eine Suche ist nach Fachbereich, Branchen und Region möglich. Wer sich registriert, kann außerdem einen Lebenslauf hochladen.
- **Das Career-Center der Hochschulzeitschrift „aud!max"** (www.audimax.de) wendet sich vor allem an Studenten der Fachrichtungen Ingenieurwissenschaften, IT, Wirtschaftswissenschaften, Naturwissenschaften und Jura. Neben allgemeinen Informationen zu Bewerbung, Praktikum und Berufseinstieg gibt es auch eine Suchfunktion, mit der Praktika und Jobs gefunden werden können.
- **Berufsstart.de** (www.berufsstart.de) ist ein Karriereportal für junge Akademiker und bietet rund 30.000 Praktika, Traineestellen und Stellenangebote für den Direkteinstieg an. Die Suche ist nach Land (auch Ausland), Bundesland und Studiengang möglich. Außerdem bietet die Website einen Firmenindex und Karriere- und Bewerbungstipps.
- **Der Hochschulanzeiger der *Frankfurter Allgemeinen Zeitung*** (www.chancen.net) enthält auch eine Praktikumsbörse. Über den Button „Jobs & Praktika" gelangen Sie zum Stellenmarkt.
- **Go!Jobware** (www.go-jobware.de) ist ein Karriereportal für Studierende und Absolventen und vermittelt neben Praktika auch Abschluss- oder Studienarbeiten, Werkstudentenstellen und Jobs. Außerdem sind dort Bewerbungstipps und Erfahrungsberichte zu finden.
- **Die Metasuchmaschine JobRobot** (www.jobrobot.de) durchforstet über 70 allgemeine und spezielle Stellenmärkte und bietet Zugriff auf ca. 400.000 Stellenangebote, darunter auch viele Praktika. Außerdem gibt es eine Firmendatenbank.

- **JobScout24** (www.jobscout24.de) bietet ca. 250.000 Jobs und Praktika an. Die branchenübergreifende Stellenbörse ist sehr servicefreundlich und bietet zudem Tipps für Bewerbung und Vorstellungsgespräch.
- **Die Metasuchmaschine JOBworld** (www.jobworld.de) ermöglicht den Zugriff auf ca. 400.000 Stellenangebote, darunter auch zahlreiche Praktika. Außerdem können Sie sich passende Angebote kostenlos per E-Mail zustellen lassen.
- **Das Portal Karriere.de** (www.karriere.de) gehört zu *Handelsblatt* und *WirtschaftsWoche*. Neben allgemeinen Informationen rund um Studium, Beruf und Praktikum findet sich dort ein Stellenmarkt, auch für Praktika.
- **Die Online-Stellenbörse Monster** (www.monster.de) bietet Jobs und Praktika, auch im Ausland. Die Suche ist nach Kategorie/Branche, Ort oder Unternehmen möglich. Interessenten können sich über ein Formular direkt online bewerben. Nach Eingabe der Suchkriterien können Sie sich auch Angebote per E-Mail zustellen lassen. Außerdem besteht die Möglichkeit, den eigenen Lebenslauf hochzuladen und sich so finden zu lassen.
- **Die Praktikumsbörse Praktika.de** (www.praktika.de) listet rund 4.500 Angebote. Darüber hinaus gibt die Website Tipps zu Auslandspraktika und Auslandsstudium. Sie bietet außerdem Erfahrungsberichte und ein Forum.
- **Die Praktikumsbörse Praktikum.de** (www.praktikum.de) listet Praktika in In- und Ausland. Suchen kann man nach Branche, Tätigkeitsbereich, Land, Stadt/Postleitzahl und Dauer. Zusätzlich gibt es jede Menge praktische Informationen rund um das Praktikum.
- **PRAKTIKUM.info** (www.praktikum.info) ist ein Karriereportal für den Berufseinstieg und listet 22.000 Stellenangebote von Praktika über Ausbildung und Nebenjob bis hin zu Studienarbeiten. In einem Karrieremagazin bietet das Portal außerdem nützliche Informationen rund um Praktikum und Berufseinstieg.
- **Die Praktikumsbörse** (www.praktikums-boerse.de) bietet rund 2.000 Praktikumsplätze. Suchen kann man nach Postleitzahl, Branche, Beginn und Dauer. Auch eine Volltextsuche ist möglich. Eigene Gesuche können kostenlos geschaltet werden.

- **Praktikum-Service** (www.praktikum-service.de) listet rund 4.500 Praktika in Deutschland. Die Suche ist nach Branche, Postleitzahl und Stichworten möglich.
- **Die Online-Stellenbörse StepStone** (www.stepstone.de) bietet über 60.000 Stellen in Deutschland und rund 400.000 in Europa, darunter auch für Praktikanten und Werkstudenten. Bei der Recherche können zahlreiche Suchkriterien eingegeben werden. Interessante Angebote kann man sich per E-Mail zusenden lassen. Stellensuchende können ihren Lebenslauf hochladen und sich so von potenziellen Arbeitgebern finden lassen.
- **Die Praktikumsbörse der Hochschulzeitschrift** *Unicum* (http://karriere.unicum.de/praktikum/) listet Praktikumsangebote für Schüler und Studenten. Die Suche ist nach Branchen, Fachrichtungen, Bundesländern und Ländern möglich.
- **Die Job-Suchmaschine worldwidejobs** (www.worldwidejobs.de) durchsucht die Karrierewebsites verschiedener Unternehmen und findet so ca. 80.000 Jobs, darunter auch viele Praktika.

Praktikumsbörsen für spezielle Fachbereiche

Die folgenden Praktikumsbörsen haben sich auf bestimmte Studienrichtungen oder Fachbereiche spezialisiert.

- **BIG RED Online** (www.bigredonline.de) ist eine Internetseite für Wirtschaftsstudenten und hat etwa 8.000 Praktikumsplätze im Angebot. Gesucht werden kann nach Branche, Abteilung, Postleitzahl und Land (auch Ausland). Auch eine Volltextsuche ist möglich. Darüber hinaus bietet die Website Karrieretipps, Praktikumsberichte und einen Chat.
- **Im weltweiten Stellenmarkt der Zeitschrift** *Computerwoche* (www.computerwoche.de/stellenmarkt) finden sich Praktikumsstellen im IT- und EDV-Bereich.
- **Jobvector – The Science Career Center** (www.jobvector.de) vermittelt Jobs und Praktika in den Bereichen Pharma, Biologie, Chemie und Physik.

- **In der Online-Ausgabe des Magazins** *Bild der Wissenschaft* (www.wissenschaft.de) gelangen Sie über den Button „Jobs & Praktika" zur Praktikumsbörse für den Bereich Wissenschaft und Technik.
- **Das Portal Kunstgeschichte** (www.portalkunstgeschichte.de) listet Praktika im Bereich Kunstgeschichte.
- **Horizont-Jobs** (www.horizontjobs.de) ist das Karriereportal für Marketing, Werbung und Medien der Zeitschrift *Horizont*. Bei der Jobsuche kann auch nach Praktika gesucht werden.
- **Die Fachzeitschrift** *Werben & Verkaufen* **für die Kommunikations- und Medienbranche** (www.wuv.de) hat eine Rubrik „Stellenmarkt". Dort sind auch Praktika in den Bereichen Vertrieb, Marketing, PR, Werbung, Medien und Grafik/Design zu finden.

Netzwerke und Verbände

Soziale Netzwerke: XING, LinkedIn, Facebook & Co.

Eine immer wichtigere Rolle im Alltags- und Berufsleben spielen soziale Netzwerke. Für berufliches Netzwerken haben sich vor allem XING (www.xing.com) und LinkedIn (www.de.linkedin.com) etabliert. Während sich XING auf den deutschsprachigen Markt konzentriert, finden sich bei LinkedIn ca. 150 Millionen Fach- und Führungskräfte aus aller Welt. Bei beiden Netzwerken ist ein Basiseintrag kostenlos, allerdings sind die Nutzungsfunktionen dann eingeschränkt. Sowohl bei XING als auch bei LinkedIn legen Sie ein Profil an, in dem Sie Ihre Ausbildung und Ihre beruflichen Wünsche und Angebote beschreiben. Sie können sich dann mit anderen Personen vernetzen oder Kontakt zu interessanten Personen aufnehmen. In beiden Netzwerken gibt es auch einen Stellenmarkt, in dem Unternehmen offene Stellen ausschreiben und so nach Mitarbeitern oder Praktikanten suchen. Ein besonderer Pluspunkt bei XING sind die zahlreichen Gruppen, die von Branchengruppen über Regionalgruppen bis hin zu Gruppen zu bestimmten Hobbys reichen.

Immer mehr Unternehmen sind mittlerweile bei Facebook (www.facebook.com) mit einer Unternehmensseite vertreten. Viele schreiben dort auch Praktikantenstellen aus und verlinken auf ihre Website. Berufsverbände, Alumni-Clubs, Absolventenmessen oder Praktikumsbörsen sind dort ebenfalls zu finden.

Berufs- und Interessenverbände

In Berufsverbänden sind zwar größtenteils Absolventen und Arbeitnehmer organisiert, doch können Sie auch schon als Student ihre Hilfe in Anspruch nehmen. Große Verbände wie der Verein Deutscher Ingenieure (VDI) haben häufig auch eigene Hochschulgruppen. In Zeitschriften und anderen Publikationen dieser Verbände finden Sie Informationen zu Firmen, aber auch die neuesten Entwicklungen in Forschung und Beruf. VDI und VDE (Verband Deutscher Elektrotechniker) bieten zudem Veranstaltungen für Berufseinsteiger an, in denen sie wichtige Zusatz- und Schlüsselqualifikationen vermitteln.

Eigene Unternehmenssuche

Wenn Sie bereits eine ungefähre Vorstellung haben, in welchem Unternehmen oder in welcher Branche Sie einmal unterkommen – oder zumindest erste praktische Erfahrungen sammeln – wollen, so können Sie sich auch auf eigene Faust auf die Suche nach einem Praktikumsunternehmen machen. Googlen Sie zum Beispiel Verlag + Ihre Heimat- oder Studienstadt – so werden Sie potenzielle zukünftige Arbeitgeber finden. Oft finden Sie auf der Homepage einer Firma eine eigene Rubrik „Jobs", in der freie Stellen oder Praktikumsplätze ausgeschrieben werden. Fehlen diese Informationen, können Sie mit einem Anruf herausfinden, ob es hier eine Praktikumsmöglichkeit gibt und wie Sie sich bewerben müssen.

Alumni-Clubs

Alumni-Clubs sind zwar hauptsächlich in Großbritannien und den USA verbreitet, etablieren sich aber auch zunehmend bei uns, vor allem in den Bereichen Medizin, Pharmazie und Rechtswissenschaft. Darunter versteht man Vereinigungen von ehemaligen Absolventen einer Hochschule, die auch nach Abschluss des Studiums lose in Kontakt bleiben und sich im Internet und bei regelmäßigen Treffen über ihre Erfahrungen austauschen.

Studenten, die sich in der Abschlussphase ihres Studiums befinden, können über diese Alumni-Clubs wertvolle Kontakte knüpfen und sich über Praktikums- und Berufsmöglichkeiten informieren. Vielleicht arbeitet ja ein früherer Absolvent Ihres Studienganges genau in der Firma, in die auch Sie einmal wollen. Adressen von Alumni-Clubs finden Sie entweder im Vorlesungsverzeichnis oder beim jeweiligen Fachbereich. Auch auf XING oder Facebook sind viele Alumni-Clubs vertreten.

Absolventenmessen

Absolventenmessen helfen vor allem bei der Suche nach einer Traineestelle, doch auch wer einen Praktikumsplatz sucht, kann sich hier schon einmal über mögliche Arbeitgeber informieren. Im Allgemeinen gibt es zwei Arten von solchen Veranstaltungen, bei beiden ist die Teilnahme für Studenten in der Regel kostenlos. Zum einen gibt es **Kontaktmessen**, die von Studentenorganisationen oder Hochschulen organisiert werden und Studenten aller Fachrichtungen und Semester offen stehen. Sie finden meist an der Hochschule selbst statt und Studierende können dort zwanglos den Kontakt zu Unternehmen herstellen. Für längere Gespräche bleibt in all dem Trubel jedoch kaum Zeit. Zum anderen gibt es aber auch **Veranstaltungen von professionellen Veranstaltern**, bei denen Sie sich um die Teilnahme bewerben müssen. Sie finden in einem kleineren Rahmen statt, deshalb besteht auch wesentlich mehr Zeit für ausführliche Gespräche mit den Vertretern der einzelnen Firmen.

Beiden Arten von Absolventenmessen ist gemeinsam: Unternehmen präsentieren sich hier mit dem Ziel, Hochschulabgänger zu rekrutieren. Informieren Sie sich vorher über das Konzept der Messe: Wie vereinbaren Sie Termine? Wie lange dauert das Gespräch? Müssen Sie vorab Bewerbungsunterlagen einreichen? Übrigens, auch wenn die Messe in der Hochschule stattfindet, gilt: Ordentliche Kleidung ist Pflicht. Schließlich präsentieren sich hier nicht nur die Unternehmen, sondern auch Sie.

Die großen Absolventenmessen

Absolventen-Kongress (www.absolventenkongress.de)
Orte: Köln, Hamburg, Berlin, Stuttgart
Zielgruppe: Studierende und Absolventen aller Fachrichtungen, besonders aber Wirtschaft und Technik

AIESEC-Firmenkontaktgespräche (www.firmenkontaktgespraech.de)
Ort: Nürnberg
Zielgruppe: Schwerpunkt Wirtschaftswissenschaften

bonding (www.bonding.de)
Orte: Karlsruhe, Bochum, Erlangen, Berlin, Braunschweig, Hamburg, Aachen, München, Kaiserslautern, Dresden, Stuttgart
Zielgruppe: Ingenieure und Naturwissenschaftler

Careers for Engineers (www.careers4engineers.de)
Ort: Stuttgart
Zielgruppe: Automobil-Ingenieure

Connecticum (www.connecticum.de)
Ort: Berlin
Zielgruppe: Wirtschaftswissenschaftler, Ingenieure, IT

Heads & Hands (www.headsandhands.de)
Ort: Freiburg
Zielgruppe: Studierende aller Fachrichtungen

IKOM/TU München (www.ikom.tum.de)
Ort: München
Zielgruppe: Ingenieure und Wirtschaftswissenschaftler

JURAcon (www.iqb.de)
Orte: München, Bielefeld, Düsseldorf, Köln, Hamburg, Frankfurt, Berlin, Stuttgart
Zielgruppe: Juristen

Konaktiva (www.konaktiva.de)
Ort: Darmstadt und Dortmund
Zielgruppe: Studierende aller Fachrichtungen

T5 Futures (www.t5-futures.de)
Orte: München, Stuttgart, Berlin, Hamburg
Zielgruppe: Studierende der Naturwissenschaften, Pharmazie, Medizin, Pharmazie-/Chemie-/Biotechnologieingenieure, Ingenieure, Informatiker

Talents (www.talents.de)
Orte: München, Hamburg
Zielgruppe: Wirtschafts-, Ingenieur-, Natur- und Geisteswissenschaftler, Informatiker, Juristen

Werbekongress (www.werbekongress.de)
Ort: Berlin
Zielgruppe: Studierende, die in die Werbebranche wollen

Woran erkenne ich ein faires Praktikum?

Papier – oder das Internet – ist geduldig, das wissen wir. Und was in einer Praktikumsanzeige auf den ersten Blick sehr vielversprechend klingt, kann sich später als Mogelpackung herausstellen. Eine Garantie dafür, dass das Praktikum auch hält, was es in der Ausschreibung verspricht, besteht nicht. Es gibt jedoch ein paar Warnsignale, auf die Sie achten sollten, damit Sie nicht auf ein unfaires Praktikum hereinfallen.

Stellenausschreibungen genau lesen

Achten Sie bei einer Stellenausschreibung genau auf die Formulierung Ihrer Aufgaben. Wenn ein Teamleiter gesucht wird, dann ist das kein Praktikum. Es ist außerdem ein Unterschied, ob Sie für etwas verantwortlich oder mitverantwortlich sind. Ein Praktikant sollte zwar selbstständig arbeiten können, doch sollte er niemals die komplette Verantwortung für einen Aufgabenbereich tragen. Formulierungen wie „Sie unterstützen …" oder „Sie lernen …" weisen auf den Lerncharakter eines Praktikums hin.

> **Beispiel**
>
> Erkennen Sie den Unterschied zwischen den folgenden beiden Formulierungen? 1. Ihre Aufgabe ist es, unsere Kunden freundlich, kompetent und zuverlässig zu betreuen. 2. Sie wirken dabei mit, unsere Kunden freundlich, kompetent und zuverlässig zu betreuen. Das erste Beispiel beschreibt die Aufgabe eines Mitarbeiters in der Kundenbetreuung. Im zweiten Beispiel stellen Sie als Praktikant eine Zusatzkraft dar – bei Ihnen liegt nicht die komplette Verantwortung in der Zusammenarbeit mit den Kunden.

Misstrauisch werden sollten Sie, wenn das Praktikum in Heimarbeit stattfinden soll. Wer sollte Sie zu Hause anleiten und betreuen? Es besteht die Gefahr, dass Sie selbstständig Projekte zu Hause bearbeiten sollen – doch das ist dann Arbeit und kein Praktikum mit Lerneffekt.

Wer gibt die Anzeige auf?

In einer Praktikumsausschreibung sollte die komplette Firmenanschrift genannt sein oder zumindest eine Website, auf der Sie dann die Adresse finden können. Auch eine E-Mail-Adresse, aus der der Firmenname hervorgeht, sollte genannt sein. Vorsicht ist dagegen bei Freemail-Adressen wie Hotmail, GMX oder web.de geboten. Sie wissen hier nicht, wer hinter dieser E-Mail-Adresse steckt. Dorthin sollten Sie nicht Ihre persönlichen Dokumente und Daten senden, damit diese nicht in falsche Hände geraten. Falls Sie sich trotzdem auf eine solche Ausschreibung bewerben möchten, versenden Sie nur ein kurzes Anschreiben und bieten Sie an, bei Interesse weitere Dokumente zu schicken. Auch sollten Sie nach weiteren Informationen zum Praktikum fragen.

Praktikumsberichte lesen

Bei vielen der vorgestellten Online-Praktikumsbörsen sind auch Erfahrungsberichte von Praktikanten und Praktikumsbewertungen zu finden. Stöbern Sie ein wenig in diesen Praktikumsberichten – vielleicht hat ja jemand schon genau das Praktikum, für das Sie sich bewerben möchten, gemacht? Googeln Sie den Unternehmensnamen zusammen mit den Begriffen „Praktikum" und „Erfahrung" – auf diese Weise können Sie nützliche Informationen finden.

[ ] **Tipp: Praktikumsbewertungen**

Über 7.500 Praktikumsbewertungen finden Sie auf der Website Meinpraktikum.de (www.meinpraktikum.de). Knapp 5.000 Unternehmen wurden hier bewertet. Auch der Verein fairwork e.V. (www.fairwork-ev.de) bietet auf seiner Website zahlreiche Praktikumsberichte. Lesen Sie aufmerksam. Manche schlechte Bewertung eines Unternehmens kann auch zulasten des Praktikanten gehen, der falsche Erwartungen hatte oder zu wenig Engagement gezeigt hat.

5
Spezialfall Auslandspraktikum

Besonders gut macht es sich in Ihrem Lebenslauf, wenn Sie ein Praktikum im Ausland vorweisen können. Personalentscheider wissen es sehr zu schätzen, wenn ein potenzieller Arbeitnehmer bereit ist, über den nationalen Tellerrand hinauszublicken und Arbeitserfahrung im Ausland mitbringt. Auch Ihre Fremdsprachenkenntnisse können Sie durch einen längeren Auslandsaufenthalt im Rahmen eines Praktikums verbessern. Nicht zuletzt bringt Ihnen ein Auslandspraktikum persönlich viel, denn Sie haben die Gelegenheit, eine Zeit lang im Ausland zu leben, dort Kontakte zu knüpfen und Freundschaften zu schließen.

> **Beispiel**
>
> Alexandra will hoch hinaus: Sie hat sich für ein Praktikum bei den Vereinten Nationen in New York beworben. Damit sie sich das leisten kann, unterstützen ihre Eltern sie. Markus will sein Praktikum im Fach Maschinenbau in Großbritannien absolvieren. Er bewirbt sich bei seiner Hochschule um eine ERAMUS SMP-Förderung. Julia zieht es nach Australien. Sie organisiert sich ein einjähriges Working-Holiday-Visum. Damit macht sie ein dreimonatiges Praktikum bei einem Verlag in Sydney und hat anschließend noch neun Monate Zeit, um durch das Land zu reisen und zu jobben.

Für welche Studienrichtungen ist ein Auslandspraktikum sinnvoll?

Für alle – so könnte man diese Frage kurz und knapp beantworten. Über ein Auslandspraktikum erwerben Sie nämlich nicht nur Fachkenntnisse, sondern zusätzlich auch viele verschiedene Schlüsselqualifikationen, darunter zum Beispiel Fremdsprachenkenntnisse und die Fähigkeit, mit Menschen aus anderen Kulturkreisen umzugehen – die sogenannte interkulturelle Kompetenz. Gerade in Zeiten zunehmender Globalisierung bevorzugen immer mehr Unternehmen Arbeitskräfte mit Auslandserfahrung. Größere Firmen und Unternehmen sind heute sowieso in den meisten Fällen global tätig, doch auch viele mittelständische Unternehmen arbeiten international. Ein Auslandspraktikum zeigt also dem zukünftigen Arbeitgeber, dass Sie in die Zukunft blicken und bereit sind, sich mit fremden Mentalitäten und Arbeitsweisen auseinanderzusetzen. Sie dürfen daher davon ausgehen, dass es immer einen Pluspunkt in Ihrem Lebenslauf darstellt.

> **Pluspunkte eines Auslandspraktikums**
> - Erweiterung von Fremdsprachenkenntnissen
> - interkulturelle Kompetenz
> - Flexibilität
> - Mobilität
> - globales Denken
> - Anpassungsfähigkeit
> - Weiterentwicklung der Persönlichkeit
> - Freundschaften und Kontakte im Ausland

Am besten wirkt das Auslandspraktikum jedoch, wenn Sie genau begründen können, warum Sie ein bestimmtes Praktikum an einem bestimmten Ort gemacht haben. Denn so zeigen Sie, dass Ihr Ausbildungsweg ein Ziel hat – das Auslandspraktikum ist ein wichtiger Schritt auf dem Weg dorthin.

Auch den Hochschulen blieb nicht verborgen, welchen hohen Stellenwert Auslandserfahrung auf dem Arbeitsmarkt einnimmt. Deshalb haben einige von ihnen Auslandspraktika bereits fest in ihren Studienordnungen verankert. Insbesondere ist dies in wirtschaftswissenschaftlichen Studiengängen der Fall.

Wie finde ich einen Praktikumsplatz im Ausland?

Ein Praktikum in Ausland ist normalerweise schwerer zu finden als ein Praktikumsplatz im Inland, doch gibt es auch hier wieder eine Reihe von Organisationen und Stellenvermittlern, die Ihnen behilflich sind. Bedenken Sie dabei, dass die Vorlaufzeit für ein Auslandspraktikum wesentlich länger als bei einem Inlandspraktikum ist – spätestens ein Jahr vor dem gewünschten Praktikumsbeginn sollten Sie mit der Planung beginnen. Wenn Sie allerdings feststellen, dass die Planung des Auslandspraktikums erheblich mehr

Zeit in Anspruch nimmt, als Sie zunächst gedacht hatten, dann sollten Sie vielleicht lieber erst einmal ein Praktikum im Inland absolvieren und gleichzeitig das Auslandpraktikum weiter planen. So sammeln Sie in der Zwischenzeit schon wertvolle Arbeitserfahrungen und können dies gleich in Ihrer Bewerbung angeben. Damit steigen wiederum Ihre Chancen, einen Praktikumsplatz im Ausland zu ergattern, denn Arbeitserfahrung ist hier eine ganz wesentliche Voraussetzung. In vielen Fällen setzen Arbeitgeber oder Stipendienorganisationen eine Zwischenprüfung voraus oder nehmen Studierende erst ab dem vierten Semester.

Europaweite Infos

EURODESK ist ein europäisches Jugendinformationsnetzwerk, das kostenlos und neutral über die vielfältigen Möglichkeiten, ins Ausland zu gehen, informiert. Neben der Website www.rausvonzuhaus.de gibt es über 40 lokale EURODESK-Berater in ganz Deutschland. Gefördert wird EURODESK durch die Europäische Kommission und das Bundesministerium für Familie, Senioren, Frauen und Jugend.

Angebote der Hochschule und am Heimatort

Wie bei einem Inlandspraktikum sollte auch bei einem Auslandspraktikum die Hochschule die erste Anlaufstelle sein. Erkundigen Sie sich beim Akademischen Auslandsamt Ihrer Hochschule nach Austauschprogrammen und Stipendienmöglichkeiten. Internationale Studentenorganisationen wie IAESTE oder AIESEC helfen ebenfalls bei der Suche nach einem Praktikumsplatz im Ausland. Die großen internationalen Studentenorganisationen sind an den meisten Hochschulen mit Lokalkomitees vertreten. Wenn es diese Organisationen an Ihrer Hochschule nicht gibt, können Sie sich an die Adressen im folgenden Kasten wenden.

Eine Möglichkeit, an die man selten denkt, sind Städtepartnerschaften. Die meisten größeren deutschen Städte haben mittlerweile eine oder mehrere Partnerstädte in verschiedenen Ländern.

Internationale Studentenorganisationen

AEGEE – Association des Etats Généraux des Etudiants de l'Europe
(www.aegee.org)
Angebot: Die europäische Studentenorganisation aller Fachrichtungen hilft bei der Planung von Auslandsaufenthalten.

Deutsches Komitee der AIESEC e.V.
(www.aiesec.de)
Angebot: internationale Fachpraktika, vor allem für Wirtschaftswissenschaftler. Außer in der Entwicklungshilfe sind die Praktika so bezahlt, dass es für das tägliche Leben reicht.

ELSA e.V. Deutschland
(The European Law Students' Association)
(www.elsa-germany.org)
Zielgruppe: Studierende der Rechtswissenschaften

European Students of Industrial Engineering & Management (ESTIEM)
(www.estiem.org)
Zielgruppe: Studierende des Wirtschaftsingenieurwesens

Bundesvertretung der Medizinstudierenden in Deutschland e.V. (BVMD): Famulantenaustausch
(www.bvmd.de/ausland)
Zielgruppe: Medizinstudenten

IAESTE International Association for the Exchange of Students for Technical Experience
(www.iaeste.de)
Angebot: internationaler Praktikantenaustausch für Ingenieur- und Naturwissenschaften, Land- und Forstwirtschaft. Die Praktika sind in der Regel so bezahlt, dass man seinen Lebensunterhalt bestreiten kann.

Internationale Medienhilfe (IMH)
(www.imh-deutschland.de)
Angebot: Praktika bei deutsprachigen Publikationen und Rundfunkprogrammen im Ausland

International Placement Center (IPC)
(www.ipc-darmstadt.de)
Zielgruppe: Studierende der Wirtschaftsinformatik, Wirtschaftsingenieurwesen

Koordinierungsstelle für die praktischen Studiensemester der Fachhochschulen in Baden-Württemberg
(www.hs-karlsruhe.de/koor)
Zielgruppe: Studierende an Fachhochschulen aller Fachrichtungen

Zahnmedizinischer Austauschdienst (ZAD) e.V.
(www.zad-online.com)
Angebot: Auslandsfamulatur für Studierende der Zahnmedizin

Erkundigen Sie sich bei der Person, die für diese Städtepartnerschaften zuständig ist, nach Arbeitsmöglichkeiten. Sie kann Ihnen in Zusammenarbeit mit den ausländischen Kollegen bei der Suche nach einem Praktikumsplatz unter die Arme greifen.

Arbeitsagentur und Zentrale Auslands- und Fachvermittlung (ZAV)

Der klassische Arbeitsvermittler ist nach wie vor die Bundesagentur für Arbeit. Auch hier hat man die steigende Nachfrage nach Arbeitsmöglichkeiten im Ausland erkannt und an einigen Arbeitsämtern so genannte EURES-Berater (EURES = European Employment Services) eingestellt, die über Beschäftigungsmöglichkeiten im europäischen Ausland Auskunft erteilen. An welchen Arbeitsämtern EURES-Berater zu finden sind, erfahren Sie im Internet unter www.ec.europa.eu/eures. Außerdem finden Sie in den Berufsinformationszentren (BIZ) der Arbeitsämter blaue „Europa-Mappen" für alle Mitgliedsländer der Europäischen Union. Sie geben Auskunft über Bildungswesen, Arbeitswelt, soziale Gesichtspunkte und Beratungsdienste des jeweiligen Landes.

Hotline der ZAV

Die Europa- und Auslandshotline der Zentrale Auslands- und Fachvermittlung (ZAV) der Arbeitsagentur erteilt unter 0228/713 13 13 Informationen rund um die Ausbildung im Ausland und die damit zusammenhängenden Dienstleistungsangebote der Bundesagentur für Arbeit. Sie beantwortet Fragen zur Aufnahme einer Beschäftigung im Ausland und nennt Ihnen weitere Ansprechpartner. Sprechzeiten sind montags bis freitags von 8.00 bis 18.00 Uhr. Auch über E-Mail kann man sich an diese Hotline wenden: zav@arbeitsagentur.de.

Speziell für Studenten gibt die Zentrale Auslands- und Fachvermittlung (ZAV) jedes Jahr die Broschüre „Komm ins Ausland" heraus, die Sie auf der Website der ZAV unter www.ba-auslandsvermittlung.de herunterladen können. Auf dieser Website finden Sie außerdem umfassende Informationen zu Ausbildung, Studium, Jobs und Praktika in verschiedenen europäischen Ländern und den USA.

Internationale Praktikumsbörsen im Internet

Insbesondere für Praktika im Ausland ist das Internet erste Anlaufstelle für Studierende. Zum einen bieten viele deutsche Jobbörsen und Stellenvermittlungen Praktika im Ausland an, zum anderen gibt es natürlich auch in den jeweiligen Zielländern Stellenbörsen mit Angeboten, auf die sich häufig auch ausländische Studenten bewerben können. Gerade bei der Jobsuche im Ausland bietet das Internet noch einen weiteren großen Vorteil: Sie können sofort per E-Mail Kontakt mit einem Unternehmen aufnehmen und sparen sich Telefonate, bei denen Sie unter Umständen auch eine Zeitverschiebung berücksichtigen müssen.

Im Folgenden finden Sie Online-Stellenbörsen und (teils auch gebührenpflichtige) Praktikumsvermittler.

International nach Praktika suchen können Sie bei diesen Anbietern:
- Arbeit und Leben (DGB/VHS) e.V. (www.praktikumineuropa.de) vermittelt Berufspraktika und Arbeitsaufenthalte im Rahmen des LEONARDO-DA-VINCI-Programms der EU. Die Teilnehmer werden mit einem Stipendium gefördert.
- Die Website Auslandspraktikum (www.auslandspraktikum.info) listet Praktikumsangebote aus verschiedenen Ländern.
- EurActiv (www.jobs.euractiv.com) vermittelt Praktika in Brüssel und EU-Angelegenheiten.
- EuroBrussels (www.eurobrussels.com) vermittelt Praktika und Jobs in Brüssel, EU-Institutionen und internationalen Organisationen.
- Europlacement (www.europlacement.com) listet Praktika in Europa und Übersee.
- Go!Jobware (www.go-jobware.de) listet Praktika im In- und Ausland.
- iAgora (www.iagora.com) vermittelt Jobs für Berufsanfänger und Praktika in 71 Ländern.
- Monster (www.monster.de) ist eine weltweite Stellenbörse und listet Jobs und Praktika in verschiedenen Ländern.
- Die Praktikumsbörse des Osteuropa-Instituts der FU Berlin (www.oei.fu-berlin.de/studiumlehre/praktikumsboerse/angebote/index.html) vermittelt Praktika in Osteuropa. Interessenten können außerdem Praktikumsberichte einsehen.
- Der Pädagogische Austauschdienst der Kultusministerkonferenz (www.kmk-pad.org) bietet Lehramtsstudenten der Fächer

Englisch, Französisch, Spanisch, Italienisch und Chinesisch die Möglichkeit, ein Jahr als Fremdsprachenassistent an Schulen in Australien, Belgien, China, Frankreich, Großbritannien, Irland, Italien, Kanada, Neuseeland, Schweiz, Spanien und den USA zu arbeiten. Sie erhalten einen Zuschuss zu ihren Lebenshaltungskosten.
- **Die Website Praktikum.de** (www.praktikum.de) bietet Praktika im In- und Ausland. Suchen kann man nach Land, Branche, Dauer und Keywords.
- **Die Praktikumsbörse** (www.praktikums-boerse.de) listet Praktika in Deutschland und im Ausland.
- **Die Online-Stellenbörse StepStone** (www.stepstone.de) listet über 400.000 Stellen in Europa, darunter auch für Praktikanten und Werkstudenten. Bei der Recherche können zahlreiche Suchkriterien eingegeben werden, interessante Angebote kann man sich per E-Mail zusenden lassen.

Wer gezielt in einzelnen Ländern nach einem Auslandspraktikum suchen möchte, kann unter den im Folgenden aufgeführten Anbietern wählen. Dabei handelt es sich meist um Stellenbörsen (teilweise auch staatliche Jobvermittlungen). Hier zunächst die Liste der gebührenfreien Vermittler, nach Kontinenten geordnet. Die Agenturen, die gegen Gebühr vermitteln, finden Sie ab Seite 69.

Europa

Dänemark:
- **Work in Denmark** (www.workindenmark.dk) ist eine Initiative der dänischen Regierung und richtet sich an Ausländer, die in Dänemark arbeiten wollen.
- **Jobindex** (www.jobindex.dk) ist eine Stellenbörse mit ca. 15.000 Jobs, darunter auch Praktika.

Frankreich:
- **L'adresse emploi des étudiants et des jeunes diplômés** (www.afij.com) vermittelt Praktika und Jobs für Berufseinsteiger.

- **CadresOnline** (www.cadresonline.com) vermittelt Jobs und Praktika in vielen Branchen.
- **Capcampus** (www.capcampus.com) vermittelt Studentenjobs, Praktika und Stellen für Absolventen.
- **Das Deutsch-Französische Forum** (www.dff-ffa.org/de) ist Stellenbörse und Hochschulmesse zugleich.
- **Die Deutsch-Französische Industrie- und Handelskammer** (www.francoallemand.com) listet auf ihrer Website aktuelle Praktikumsangebote in Frankreich. Auch Gesuche können dort geschaltet werden.
- **Die deutsch-französische Vereinigung AFASP/DEFTA** (www.afasp.net) listet Praktika in verschiedenen französischen Unternehmen.
- **JcomJeune** (www.jcomjeune.com) listet ca. 1.200 Praktika in ganz Frankreich. Gesucht werden kann nach Bereich und Region.

Großbritannien:
- **Die staatliche Arbeitsvermittlung Großbritanniens** ist unter www.jobcentreplus.gov.uk/ zu finden.
- **Jobsite** (www.jobsite.co.uk) ist eine große Internet-Stellenbörse mit ca. 40.000 Jobs, darunter auch Praktika.
- **Fish4Jobs** (www.fish4.co.uk) ist eine der führenden britischen Internet-Stellenbörsen.
- **Der Stellenmarkt der Tageszeitung „The Guardian"** (http://jobs.guardian.co.uk) ist die umfangreichste Jobdatenbank aller britischen Zeitungen. Neben zahlreichen Stellenanzeigen, die nach Bereichen geordnet sind und die man nach Keywords durchsuchen kann, findet sich hier auch ein Firmenindex. Bewerber können außerdem ihren Lebenslauf ins Netz stellen.
- **Placement UK** (www.placement-uk.com) vermittelt bezahlte Praktika.
- **Prospects** (www.prospects.ac.uk) ist die offizielle Stellenbörse für Absolventen in Großbritannien. Sie vermittelt auch Jobs und Praktika für ausländische Studenten.
- **The WorkBank** (www.theworkbank.co.uk) hat sich auf die Jobvermittlung für Studenten und Absolventen spezialisiert.

Italien:
- **Sportello Stage** (www.sportellostage.it) ist eine italienische Praktikumsbörse.

Niederlande:
- **Die staatliche Arbeitsvermittlung der Niederlande** (www.werk.nl) listet rund 30.000 Jobs, darunter auch Praktika.
- **ROC** (www.roc.nl) vermittelt Praktika. Der eigene Lebenslauf kann hochgeladen werden.
- **Stageplaza** (www.stageplaza.nl) ist die größte Praktikumsbörse der Niederlande. Hier finden sich rund 1.500 Praktika in verschiedenen Branchen.
- **Stagemarkt** (www.stagemarkt.nl) ist eine weitere Praktikumsbörse für die Niederlande.

Schweiz:
- **Telejob** (www.telejob.ethz.ch) ist die führende Schweizer Stellenbörse für Akademiker.

Asien

- **Die Koordinierungsstelle für Praktika** (www.kopra.org) ist spezialisiert auf Praktika mit Ostasienbezug.

Australien und Neuseeland:

- **Australian JobSearch** (www.jobsearch.com.au) ist die Arbeitsvermittlung der australischen Regierung.
- **Seek** (www.seek.com.au) und **CareerOne** (www.careerone.com.au) sind große Online-Stellenbörsen.

Nordamerika

USA:
- **Das Amity Institute** (www.amity.org) vermittelt Praktika für Lehramts- oder Fremdsprachenstudierende im Alter von 20 bis 30 Jahren.

- **Careerbuilder** (www.careerbuilder.com) ist die größte Online-Stellenbörse der USA.
- **CoolWorks** (www.coolworks.com) bietet unter anderem Beschäftigungen in Nationalparks oder auf einer Ranch.
- **Das Council of International Educational Exchange** (www.ciee.org) vermittelt neben Austauschprogrammen für Schüler und Studenten auch Praktika.
- **Die German American Chamber of Commerce** (www.gaccny.com) listet auf ihrer Website aktuelle Praktikumsangebote amerikanischer Unternehmen.
- **Die Steuben-Schurz-Gesellschaft** (www.usa-interns.org) vermittelt Praktika von bis zu sechs Monaten Dauer.
- **Das Portal America's Natural and Cultural Resources Volunteer** (www.volunteer.gov) listet Freiwilligendienste in unterschiedlichen Bereichen, darunter Archäologie, Biologie und Geologie.

Kanada:
- **AllStarJobs** (www.allstarjobs.ca) ist eine große kanadische Stellenbörse.
- **Die Jobbörse Canadajobs** (www.canadajobs.ca) listet rund 170.000 Jobs in ganz Kanada.

Südafrika

- **Best Jobs South Africa** (www.bestjobs.co.za) ist eine südafrikanische Stellenbörse.

Vermittlungsorganisationen und -agenturen für Praktika

Die Suche nach einem Praktikumsplatz im Ausland kann schwierig sein. Wer nicht auf eigene Faust suchen und recherchieren möchte, kann die Hilfe von Agenturen in Anspruch nehmen, die Praktika in verschiedenen Ländern vermitteln. Sie arbeiten teilweise schon lange mit bestimmten Unternehmen im Ausland zusammen und schicken diesen immer wieder Praktikanten. Deshalb haben die Vorgesetzten dort schon Erfahrung mit internationalen Praktikanten und wissen, was sie von ihnen erwarten können. Außerdem müssen die Unternehmen im Ausland nicht selbst Bewerber auswählen, sondern können sich darauf verlassen, dass ihnen die Vermittlungsagentur geeignete Praktikanten schickt.

Bewerben müssen Sie sich „nur" bei der Agentur, und auch nur einmal, denn die Agenturen leiten Ihre Bewerbung normalerweise an mehrere Unternehmen weiter. Die Bewerbung läuft meist so ab: Sie füllen einen Anmeldebogen mit Ihren persönlichen Daten und Praktikumswünschen aus. Nachdem Sie die Vermittlungsgebühr überwiesen haben, reichen Sie weitere Unterlagen wie einen ausführlichen Bewerbungsbogen, Lebenslauf, Foto und Motivationsschreiben nach. Oft erfolgt auch noch ein Bewerbungsgespräch, telefonisch oder über Skype. Dann macht sich die Agentur auf die Suche nach einem geeigneten Praktikumsplatz. Häufig kann sie zusätzlich auch noch Unterkunft und Anreise organisieren.

Die Gebühren, die für die Vermittlung von Praktika fällig werden, können sehr hoch sein und bis zu 1.500 Euro für ein sechswöchiges Praktikum in Australien betragen – viel Geld, wenn man noch den teuren Flug dazurechnet. Auch wenn bei einem Praktikum das Geldverdienen nicht im Vordergrund steht, kann es sich nicht jeder leisten, für das Arbeiten auch noch zu bezahlen. Dafür wird einem bei diesen Agenturen aber ein großes Stück Arbeit abgenommen: Oft gibt es einen direkten Ansprechpartner vor Ort, die Agentur hält Infopakete bereit und unterstützt bei der Vorbereitung auf den Auslandsaufenthalt. Auch bei der Suche nach einer Unterkunft ist sie häufig behilflich. Hier gilt es sorgfältig abzuwägen, was man für ein Auslandspraktikum ausgeben möchte und kann.

Leider gibt es kein Siegel, das geprüfte Praktikumsvermittler auszeichnet. Daher ist die Qualität der Leistungen nicht immer leicht zu beurteilen. Um die Güte einer Agentur einschätzen zu können, müssen Sie genau wissen, was Sie wollen. Wenn Sie zum Beispiel lediglich angeben, dass Sie irgendein Praktikum in Australien machen möchten, brauchen Sie sich nicht zu wundern, wenn Sie in einer Jugendherberge im Outback Betten überziehen müssen –

was zwar kein Praktikum ist, aber als solches ausgegeben wird. Wenn Sie dagegen sagen: „Ich möchte gerne ein Praktikum im Lektorat eines Kinderbuchverlags in Sydney absolvieren, weil mich interessiert, wie in Australien Kinderbücher gemacht werden", weiß die Agentur, was sie suchen muss – und wenn sie gut ist, kann sie Ihnen genau das bieten. Wichtig ist vor allem, dass die Agentur differenziert nach Ihren Kenntnissen und Ihrer Motivation fragt, denn nur so kann sie einen Praktikumsplatz finden, der zu Ihnen passt.

> **[ ] Tipp: Qualitätskatalog Auslandspraktikum**
>
> Der Deutsche Akademische Austauschdienst (DAAD) hat zusammen mit IAESTE, der InWEnt (Internationale Weiterbildung und Entwicklung) gGmbH, Eurodesk Deutschland, IJAB – Fachstelle für Internationale Jugendarbeit der Bundesrepublik Deutschland e.V. und der Zentrale Auslands- und Fachvermittlung der Bundesagentur für Arbeit (ZAV) einen „Qualitätskatalog Auslandspraktikum" erarbeitet, den Sie auf der Website www.wege-ins-ausland.org herunterladen können. Auch bei den Akademischen Auslandsämtern der Hochschulen ist er in der Regel erhältlich.

Die folgenden Organisationen vermitteln **gegen Gebühr** Praktika im Ausland:

- **Australia Education – New Zealand Education** (www.aa-education.com) vermittelt Praktika in Australien und Neuseeland.
- **Australianinternships** (www.internships.com.au) vermittelt Praktika in verschiedenen Fachrichtungen.
- **Australienpraktikum** (www.australienpraktikum.de) vermittelt Praktika in einer Vielzahl von Branchen für Studenten und Abiturienten.
- **Ayusa-Intrax** (www.intrax.de) vermittelt verschiedene Praktika in Australien, Großbritannien, Japan, Kanada, Neuseeland und den USA.
- **Die Carl-Duisberg-Centren** (www.cdc.de) vermitteln Praktika in Australien, Großbritannien, Irland, Kanada, Neuseeland, Süd-

afrika, Spanien, Italien, China, Indien und den USA, teilweise auch in Kombination mit einem Sprachkurs.
- **Chile Inside** (www.chileinside.cl) vermittelt Praktika, Freiwilligenarbeit und Sprachkurse in Chile.
- **College Council** (www.college-council.de) ist eine gemeinnützige Organisation im internationalen Bildungsaustausch und vermittelt Fachpraktika in den USA, Australien und Neuseeland.
- **Council of International Internship Placement** (www.ciip.de) vermittelt Praktika in Europa, Südafrika und den USA.
- **Cultural Vistas** (www.culturalvistas.org) vermittelt Praktika in den USA von bis zu 18 Monaten Dauer.
- **Das Deutsch-Südafrikanische Jugendwerk** (www.dsjw.de) vermittelt Praktika und Freiwilligendienste, die zwischen drei und zwölf Monate dauern.
- **Die Gesellschaft für Europabildung** (www.europabildung.org) vermittelt Praktika in Europa und China.
- **Die Europäisch-Lateinamerikanische Gesellschaft** (www.elg-online.de) vermittelt Praktika in Argentinien, Brasilien, Costa Rica, Chile, Ecuador, Mexiko, Peru und Venezuela. Auch für Abiturienten gibt es ein spezielles Programm.
- **Europractica** (www.europractica.com) vermittelt Praktika in Spanien. Die Vermittlungsgebühr ist nur bei Erfolg fällig.
- **Der Sprachreisenanbieter GLS** (www.gls-sprachenzentrum.com) vermittelt Auslandspraktika in einer Vielzahl von Berufsfeldern.
- **Go International** (www.gointernational.ca) vermittelt Praktika im Großraum Vancouver.
- **Die InterSwop Auslandsaufenthalte Sprach- und Bildungsreisen GmbH** (www.interswop.de) vermittelt Praktika, Freiwilligendienste, Diplomarbeiten und Sprachreisen in verschiedenen Ländern.
- **Das Euro-China Vermittlungsbüro für wirtschaftliche und technische Zusammenarbeit** (www.euro-china-ecv.de) vermittelt Praktika in China für Studierende, Absolventen und Berufstätige.
- **Die Kommission für Bildungsaustausch** (www.coined.de) vermittelt Praktika in Argentinien, Chile, Costa Rica, Guatemala und Spanien.

- **KulturLife** (www.kultur-life.de) vermittelt internationale Freiwilligendienste und Praktika.
- **Die Vermittlungsagentur Professional Pathways Australia** (www.professionalpathwaysaustralia.com.au) vermittelt unbezahlte Praktika in Sydney und Melbourne, außerdem Unterkünfte, Sprachkurse und Ausflüge.
- **Praktika** (www.praktika.de) vermittelt Praktika in vielen Ländern.
- **Die Praktikantenvermittlung** (www.praktikantenvermittlung.de) vermittelt Praktika in einer Reihe von Ländern.
- **Praktikawelten** (www.praktikawelten.de) vermittelt Praktika in Kanada, Mexiko, Guatemala, Costa Rica, Ecuador, Peru, Chile, Argentinien, Ghana, Namibia, Südafrika, Kenia, Indien, Nepal, Thailand, Australien und Neuseeland.
- **Praktikum in Afrika** (www.praktikum-in-afrika.de) vermittelt Praktika in 14 Ländern des südlichen Afrikas – von Angola bis Zimbabwe.
- **PractiGo** (www.praktikumsvermittlung.de) vermittelt Praktika in verschiedenen Ländern.
- **Stepin** (www.stepin.de) vermittelt Praktika in Europa, Australien, Neuseeland, USA, Kanada, Südafrika Argentinien und China.
- **Das Vancouver English Centre** (www.vec.ca) bietet ein kostenpflichtiges Praktikantenprogramm, das einen Sprachkurs und ein Praktikum von 2 bis 12 Monaten Dauer umfasst.
- **World-Intern** (www.praktika-afrika.de) vermittelt Praktika in Namibia.
- **World-Intern** (www.world-intern.de) vermittelt Praktika in Ecuador.
- **World of Xchange** (www.world-of-exchange.com) vermittelt Praktika in vielen Ländern. Vermittlungsgebühr im Erfolgsfall.

Internationale Organisationen

Ein Praktikum bei der UNO oder der EU ist der Traum sehr vieler Studenten. Die Plätze sind entsprechend schwer zu bekommen, obwohl sie nicht bezahlt werden. Sie müssen außerdem die hohen Lebenshaltungskosten in New York, Genf oder Brüssel selbst finanzieren. Wer sein Glück trotzdem versuchen möchte: Ein Praktikum bei der UNO ist ein Riesenpluspunkt in jedem Lebenslauf.

Spezialfall Auslandspraktikum

Der DAAD bietet in seinem Carlo-Schmid-Programm (www.daad.de/csp) Stipendien für Praktika bei Internationalen Organisationen oder EU-Institutionen an. Die Stipendiaten erhalten nicht nur eine finanzielle Unterstützung, sondern werden auch in Seminaren auf ihre Tätigkeit vorbereitet und vor Ort betreut. Auch die EU-Kommission schreibt für ihre „stages" genannten Praktika Stipendien aus. Auf ca. 650 Praktikantenstellen kommen allerdings rund 10.000 Bewerber. Zu den Voraussetzungen gehören Kenntnisse in mindestes einer Amtssprache der Behörde, Bewerber sollten sich außerdem bereits im Hauptstudium befinden.

Berufsverbände und Arbeitsgemeinschaften

Auch einige Berufsverbände und Arbeitsgemeinschaften und vermitteln Auslandspraktika.

Arbeitsgemeinschaft für Kinder- und Jugendhilfe
(www.agj.de)
Angebot: Praktika in den USA für Fachkräfte der Sozial- und Jugendarbeit. Pro Jahr werden zehn Stipendien vergeben.

Bundesverband der Pharmaziestudierenden in Deutschland e.V. (BPHD)
(www.bphd.de)
Zielgruppe: Pharmaziestudierende

Deutsch-Amerikanische Juristenvereinigung
(www.dajv.de)
Zielgruppe: Rechtsreferendare

Deutsch-Chinesische Juristenvereinigung
(www.dcjv.org)
Zielgruppe: Rechtsreferendare und Jura-Studierende

Deutsch-Französische Juristenvereinigung
(www.dfj.de)
Zielgruppe: Rechtsreferendare und Jura-Studierende, Praktika in Frankreich und Belgien

Deutsch-Japanische Juristenvereinigung
(www.djjv.org)
Angebot: Unterstützung bei der Suche nach einem Praktikumsplatz in Japan

Deutsche Auslandshandelskammern (AHK)
(www.ahk.de)
Angebot: Praktikum bei deutschen Auslandshandelskammern, Wahlstationen für Rechtsreferendare, Vermittlung von Unternehmenspraktika

Deutscher Bauernverband e.V.
(www.bauernverband.de)
Angebot: Praktika für Landwirte, Gärtner und Hauswirtschafter sowie praxiserfahrene Studenten

ICCROM – International Centre for the Study of the Preservation and Restoration of Cultural Property
(www.iccrom.org)
Zielgruppe: Studierende und Absolventen der Archäologie, Architektur, Kunstgeschichte, Konservierung/Restaurierung, Ingenieur-, Bibliotheks-, Museumswissenschaften, öffentliche Verwaltung und Städteplanung

Direktbewerbung

Natürlich können Sie sich auch direkt bei einem ausländischen Unternehmen Ihrer Wahl bewerben. Sie müssen dann zwar viel Zeit in die Recherche investieren, doch dank Internet ist es nicht schwer, mögliche Arbeitgeber und Ansprechpartner herauszufinden. Ihre Chancen stehen am besten, wenn Sie bereits ein Inlandspraktikum bei einem internationalen Unternehmen absolviert haben und fit in Fremdsprachen sind. Informieren Sie sich auch hier so gut wie möglich über das Unternehmen, in dem Sie arbeiten wollen. Auch darüber, wie man sich in Ihrem Zielland bewirbt, sollten Sie sich erkundigen. In den USA haben Sie zum Beispiel schon verloren, wenn Sie – wie in Deutschland üblich – Ihrer Bewerbung ein Foto beilegen. Damit niemand diskriminiert werden kann, darf die Bewerbung dort nämlich kein Foto enthalten.

Planung eines Auslandspraktikums

Wenn Sie ein Auslandspraktikum organisieren, müssen Sie mit der Planung und Vorbereitung noch früher beginnen als bei einem Praktikum im Inland. Mit mindestens einem Jahr Vorlaufzeit müssen Sie rechnen, die Vorbereitung kann jedoch auch bis zu eineinhalb Jahre dauern. Anders als bei einem Praktikum im Inland müssen Sie sich je nach Zielland auch um Dinge wie Arbeitserlaubnis, Aufenthaltsgenehmigung oder Versicherungen kümmern.

Ist in Ihrer Studienordnung ein Auslandspraktikum vorgesehen, sollten Sie besonders darauf achten, dass Ihr Praktikum auch den Richtlinien Ihrer Hochschule entspricht und Sie Ihre Pläne im Vorfeld ausführlich mit dem Praktikantenamt durchsprechen.

> **[ ] Tipp: Vertragsvordrucke der eigenen Hochschule**
>
> Vielleicht hat Ihre Hochschule ja bereits fremdsprachliche Vordrucke für Verträge oder Tätigkeitsnachweise, die der Praktikumsbetrieb dann „nur" noch ausfüllen muss. In einem solchen Fall sollten Sie diese Formulare unbedingt mitnehmen – das spart viel Zeit und Mühe.

Eine Basis-Checkliste der Dinge, die Sie für ein Auslandspraktikum benötigen, finden Sie im folgenden Kasten.

> **Checkliste: Das benötigen Sie für ein Auslandspraktikum**
>
> **Unbedingt erforderlich:**
> - gültiger Reisepass bzw. Personalausweis,
> - Mittel zur Finanzierung,
> - Auslandskranken- und -unfallversicherung,
> - Haftpflichtversicherung,
>
> **Abhängig von Land und Austauschprogramm:**
> - Visum,
> - Arbeitserlaubnis,
> - Impfschutz,
>
> **Außerdem:**
> - internationaler Führerschein,
> - internationaler Studentenausweis,
> - Kreditkarte,
> - Wörterbücher,
> - formelle Kleidung
>   (was generell auch für viele Inlandspraktika nötig ist).

Begriffsdefinition

Ist es schon in Deutschland oft nicht ganz eindeutig, was nun mit einem Praktikum gemeint ist, so kann das in einer Fremdsprache noch schwieriger sein. Die englischen Begriffe für Praktikum sind „internship" oder „work placement", in französischsprachigen Ländern spricht man von „stage", in Spanien, Süd- und Mittelamerika von „practicá". Das in Deutschland übliche Praktikum, bei dem Arbeitserfahrung gesammelt wird, wird in anderen Ländern zumeist während der Ausbildung absolviert. Praktika nach dem Studium werden dagegen oft als befristete Arbeitsverhältnisse gesehen, für die zum Beispiel in Frankreich ein Mindestlohn gezahlt werden muss. Das ist zwar gut für den Praktikanten, allerdings ist die Bereitschaft französischer Unternehmen, einen Praktikanten mit abgeschlossenem Studium einzustellen, daher eher gering.

Sprachkenntnisse

Nehmen Sie zuerst einmal Ihre Fremdsprachenkenntnisse gründlich unter die Lupe. Fast jeder behauptet heute von sich, fließend Englisch zu sprechen. Doch reichen Ihre Sprachkenntnisse gerade einmal so aus, dass Sie im Urlaub nicht verhungern, oder sind Sie wirklich in der Lage, Anweisungen zu befolgen, selbstständig zu arbeiten und zum Beispiel Telefonate zu führen? Falls es hier noch hapert, sollten Sie Ihre Sprachkenntnisse in Sprachkursen auf Vordermann bringen.

Häufig müssen Sie bei der Bewerbung um einen Praktikumsplatz auch einen anerkannten Nachweis über Ihre Sprachkenntnisse vorlegen, zum Beispiel den Test of English as a Foreign Language (TOEFL) für ein Praktikum in den USA oder den IELTS-Test (International English Language Testing System) für Großbritannien, Australien und Neuseeland. Die Anmeldefristen für diese Tests liegen oft weit vor dem eigentlichen Testtermin, informieren Sie sich daher frühzeitig.

Aufenthaltsgenehmigung und Arbeitserlaubnis

Wer als Student in einem Land der Europäischen Union ein bezahltes Praktikum absolvieren will, gilt als Erwerbstätiger. Das Recht auf Freizügigkeit der EU erlaubt EU-Bürgern, in einem anderen Land der EU Arbeit zu suchen und dort zu arbeiten, ohne dass eine Aufenthaltserlaubnis erforderlich ist.

In Nicht-EU-Staaten – wie zum Beispiel in den USA – sieht dies anders aus: Hier brauchen Sie als Praktikant ein Visum. Für Praktikanten, die an einer deutschen Hochschule studieren, ist dies das „J-1 Exchange Visitor"-Visum: Es ermöglicht Ihnen die zeitlich begrenzte Aus- und Weiterbildung in den USA. Es gilt nur für einen einzigen Arbeitgeber. Sie können also nicht einfach die Arbeitsstelle wechseln. Außerdem gilt es ausschließlich für die Dauer des Praktikums plus einen Monat vorher und einen Monat nachher, maximal jedoch zwölf Monate. Um das Visum zu erhalten, müssen Sie nachweisen, dass Sie über Englischkenntnisse und über ausreichend finanzielle Mittel für Ihren USA-Aufenthalt verfügen.

Außerdem müssen Sie krankenversichert sein und bereits eine Zusage für einen Praktikumsplatz haben. Kalkulieren Sie für die Bearbeitungszeit des Antrags gut zehn Wochen ein – in Krisenzeiten kann sich dies verlängern. Auch müssen Sie bei einem USA-Visum mit Beschaffungskosten von ca. 1.000 Euro rechnen.

> **! Achtung**
> Reisen Sie nicht mit einem Touristenvisum in Länder wie USA, Australien oder Kanada ein, um sich dann auf eigene Faust vor Ort einen Praktikumsplatz zu suchen. Das ist streng verboten und kann zu einer Ausweisung und einem späteren Einreiseverbot führen!

Arbeitsrechtliche Bestimmungen

Wenn Sie eine Arbeit im Ausland aufnehmen wollen, sollten Sie sich besonders über die arbeitsrechtlichen Bestimmungen in diesem Land informieren. Welche Versicherungen brauchen Sie? Welche Kündigungsfristen gibt es? Welche Rechte und Pflichten haben Praktikanten in diesem Land überhaupt? Antwort auf diese Fragen erteilt unter anderem das Bundesverwaltungsamt in Köln: In Merkblättern zu 23 Staaten informiert es kurz und knapp über die sozialen, rechtlichen und wirtschaftlichen Verhältnisse in diesen Ländern. Die Merkblätter sind beim Bundesverwaltungsamt unter www.bva.bund.de/DE/Aufgaben/Abt__II/InfostelleAuswanderungundAuslandstaetigkeit/infostelle-node.html erhältlich.

Versicherung

Fragen der Krankenversicherung sollten Sie mit Ihrer Krankenkasse klären. Diese wird Ihnen mitteilen, ob Sie für das Ausland eine Zusatzversicherung abschließen müssen. Auch eine Unfallversicherung für das Ausland sowie eine Haftpflichtversicherung sind ratsam.

Unterkunft

Ein Unternehmen, das regelmäßig ausländische Praktikanten beschäftigt, stellt diesen manchmal Unterkünfte zur Verfügung oder ist zumindest bei der Suche nach einem Dach über dem Kopf behilflich. Vorteilhaft sind Studentenwohnheime, denn dort können Sie während der Ferienzeit nicht nur billig wohnen, sondern finden auch leicht Anschluss.

Finanzierung eines Auslandspraktikums

Gute Verdienstmöglichkeiten sollten nicht das ausschlaggebende Kriterium bei der Entscheidung für einen Praktikumsplatz im Ausland sein, denn erstens schränkt dies die Wahlmöglichkeiten noch mehr ein und zweitens sind Auslandpraktika nur selten bezahlt – und wenn, dann nicht besonders gut.

> **[ ] Tipp: Lebenshaltungskosten recherchieren**
> Einen Überblick über die Lebenshaltungskosten in verschiedenen Ländern geben Ihnen die Deutschen Außenhandelskammern unter www.ahk.de/ahk-praktika/vermittlung-von-unternehmenspraktika. Sie können von ca. 200 Euro in Bolivien bis hin zu rund 1.400 Euro pro Monat in Japan reichen.

Die hohen Kosten für ein Auslandspraktikum (Vermittlungsagentur, Anreise, Unterkunft, Visum, Arbeitserlaubnis, Auslandskrankenversicherung) lassen sich mit Förderangeboten leichter stemmen. Dazu gehören EU-Programme, Programme des Deutschen Akademischen Austauschdienstes (DAAD), Beihilfen der Studentenwerke der einzelnen Hochschulen sowie eine Reihe von Stiftungen.

Programme der Europäischen Union

2007 fasste die Europäische Union ihre verschiedenen Bildungsprogramme unter dem Bildungsdachprogramm „Lebenslanges Lernen (LLP)" zusammen. Dazu gehören die Teilprogramme COMENIUS (Schulbildung), ERASMUS (Hochschulbildung), LEONARDO (Berufsbildung) und GRUNDTVIG (Erwachsenenbildung). Für Studierende, die ein Auslandspraktikum absolvieren wollen, ist das Programm ERAMUS Student Mobility Placement (ERASMUS SMP) zuständig, mit dem Praktika im europäischen Ausland gefördert werden. Zielgruppe sind Studierende, die ein Praktikum in einem Unternehmen in den Ländern der EU, des Europäischen Wirtschaftsraums (EWR) oder in der Türkei, der Schweiz oder in Kroatien absolvieren wollen. Voraussetzung für eine Förderung ist, dass das Praktikum mindestens 91 Tage und höchstens 52 Wochen dauert. Außerdem muss es in das Studium integriert werden können – das heißt, es muss entweder ein Pflichtpraktikum sein oder thematisch zum Studienschwerpunkt passen. Stipendiaten erhalten einen Aufenthaltskostenzuschuss von 400 Euro/Monat, wenn der Arbeitgeber bis zu 499 Euro im Monat zahlt. Wer mehr verdient, bekommt immerhin noch 200 Euro Zuschuss pro Monat. Liegt der Verdienst im Praktikum über 1.000 Euro, gibt es keine finanzielle Förderung. Die Bewerbung ist direkt an die ERASMUS-Koordinatoren oder an das Akademische Auslandsamt an der eigenen Hochschule zu richten. Die nationale Agentur für ERASMUS in Deutschland ist der Deutsche Akademische Austauschdienst (DAAD).

[ ] **Tipp: ERASMUS-Infos**

Informationen zu ERASMUS-Praktika erhalten Sie unter folgender Adresse:

Deutscher Akademischer Austauschdienst
Nationale Agentur für EU-Hochschulzusammenarbeit
Referate 602 und 603
Tel: 0228 882-736 und -717
E-Mail: erasmus@daad.de

Das EU-Programm LEONARDO DA VINCI ermöglicht Auslandsaufenthalte in der beruflichen Aus- und Weiterbildung. Wer sein Studium bereits hinter sich hat und nicht mehr für das ERASMUS SMP-Programm infrage kommt, kann sich hier fördern lassen. Die Teilnehmer erhalten Zuschüsse zu Reisekosten und Lebenshaltungskosten. Weitere Informationen gibt es bei der Nationalen Agentur Bildung für Europa beim Bundesinstitut für Berufsbildung unter www.na-bibb.de.

> **[ ] Tipp: Japan für Ingenieure und Naturwissenschaftler**
>
> Das EU-Japan Centre for Industrial Cooperation (www.eujapan.eu) ist eine Kooperation zwischen der EU und dem japanischen Wirtschaftsministerium. Es bietet Studierenden der Ingenieurs- und Naturwissenschaften ab dem dritten Studienjahr ein einjähriges Traineeprogramm namens „Vulcanus" in Japan. Das Programm beginnt mit einem viermonatigen Sprachkurs, danach folgen acht Monate Praktikum in einem japanischen Unternehmen. Stipendiaten erhalten 2.000.000 Yen (ca. 19.000 Euro) für Reisekosten und Lebensunterhalt.

Programme des DAAD

Der DAAD (www.daad.de) vergibt für einige Praktika Fahrtkostenzuschüsse. Voraussetzung, dafür ist, dass Sie Ihr Praktikum über eine der Austauschorganisationen IAESTE, AIESEC, Bvmd, ZAD oder DCGM erhalten haben. Zusätzlich vergibt der DAAD Kurzstipendien für Praktika in deutschen Auslandsvertretungen, internationalen Organisationen, an deutschen Schulen im Ausland, Goethe-Instituten, deutschen archäologischen Instituten und deutschen geisteswissenschaftlichen Instituten im Ausland (DGIA).

Seit 2009 fördert das Bundesministerium für Bildung und Forschung (BMBF) im DAAD-Sonderprogramm „A New Passage to India" (www.a-new-passage-to-india.de) Studien- und Forschungsaufenthalte in Indien. Auch Pflichtpraktika und Abschlussarbeiten können gefördert werden.

> **[ ] Tipp: Taiwan für Ingenieure und Naturwissenschaftler**
>
> An Studierende der Natur- und Ingenieurwissenschaften wendet sich das Taiwan Summer Institute Programme. Zusammen mit dem National Science Council (NSC) in Taiwan vermittelt der DAAD Stipendien für ein zweimonatiges Praktikum in Taiwan. Voraussetzung ist ein abgeschlossenes Grundstudium bzw. vier Studiensemester bei einem Bachelor-Studiengang. Stipendiaten werden die Kosten für Lebenshaltung und Unterkunft in Taiwan sowie für ihre Anreise erstattet.

Mit BAföG ins Ausland

BAföG-Empfänger können unter Umständen eine spezielle BAföG-Auslandsförderung für ein Auslandspraktikum erhalten (ähnlich wie beim Auslandsstudium). Eventuell können Sie sogar gefördert werden, wenn Sie zu Hause keinen Anspruch auf BAföG haben. Voraussetzung ist allerdings, dass es um ein mindestens dreimonatiges Pflichtpraktikum handelt, das von Ihrer Hochschule anerkannt wird. Ansprechpartner ist hier das BAföG-Amt an Ihrer Hochschule. Infos auch auf www.das-neue-bafoeg.de.

Programme der Deutschen Gesellschaft für Internationale Zusammenarbeit (GIZ)

Die Deutsche Gesellschaft für Internationale Zusammenarbeit (GIZ) fördert mit einer Reihe von Programmen Studierende und Absolventen. Das Fachhochschulprogramm „Praxissemester im Ausland" bietet entweder ein Teilstipendium für fünf- bis sechsmonatige Auslandspraktika oder ein Reisekostenstipendium für drei- bis sechsmonatige Praktika in den Fachrichtungen Wirtschaft, Umwelt und Technik. An Absolventen technischer und wirtschaftlicher Studiengänge richtet sich das Heinz-Nixdorf-Programm zur Förderung der Asien-Pazifik-Qualifizierung des deutschen Führungsnachwuchses. Jährlich 50 junge Deutsche können hier sechs Monate lang Praxiserfahrung in Unternehmen in China, Indien, Indonesien, Japan, Malaysia, Südkorea, Taiwan oder Vietnam sammeln. Das ASA-Programm ermöglicht es, Studierenden aller Fachrichtungen und jungen Menschen mit abgeschlossener nicht-akademischer Berufserfahrung dreimonatige Praktika in Entwicklungs-, Transformations- und Schwellenländern in Afrika, Asien, Lateinamerika und Südosteuropa zu absolvieren. Informationen zu allen Programmen unter www.giz.de.

Stiftungen und Stipendien

Die Studienstiftung des deutschen Volkes (www.studienstiftung.de) fördert Journalisten, die ein Praktikum bei einem Auslandskorrespondenten absolvieren wollen. Die Höhe der Stipendien wird individuell festgelegt, die Obergrenze für ein Jahresstipendium beträgt 12.000 Euro.

Tipp: die richtige Stiftung finden

Im Bundesverband Deutscher Stiftungen (www.stiftungen.de) sind über 3.700 Mitglieder organisiert. Unter Umständen können Sie hier finanzielle Unterstützung für ein Auslandspraktikum finden.

Die Finanzberatung MLP hat ein Praktikumsprogramm mit jährlich 100 Praktika bei Global Playern im In- und Ausland (www.jointhebest.info). Außerdem vergibt sie jedes Jahr 18 Stipendien für Auslandspraktika bei Top-Unternehmen. Die Stipendien beinhalten Flug und Unterkunft. Arbeit und Leben (DGB/VHS) e.V. (www.praktikumineuropa.de) bietet Stipendien für Berufspraktika und Arbeitsaufenthalte im Rahmen des LEONARDO-DA-VINCI-Programms der EU.

Das Deutsch-Französische Jugendwerk (www.dfjw.org) fördert mit Stipendien studienbezogene Praktika von einem bis drei Monaten Dauer, sofern diese als Bestandteil des Studiums an der Heimathochschule anerkannt werden.

 Tipp: Stipendienlotsen nutzen

Eine Vielzahl von Stipendien für Auslandspraktika zeigt Ihnen der „Stipendienlotse" des Bundesministeriums für Bildung und Forschung unter www.stipendienlotse.de.

Bildungskredit der KfW-Bankengruppe

Wer ein Praktikum im In- oder Ausland – auch außerhalb der EU – absolvieren möchte, kann einen Bildungskredit bei der KfW-Bankengruppe aufnehmen. Dieser Bildungskredit ist zeitlich befristet und zinsgünstig und kann auch neben dem BAföG aufgenommen werden. Möglich ist ein Kreditvolumen von 1.000 bis 7.200 Euro, das Sie sich in bis zu 24 Monatsraten in Höhe von 100, 200 oder 300 Euro auszahlen lassen können. Auf Wunsch ist auch eine Einmalzahlung von bis zu 3.600 Euro für ausbildungsbezogene Aufwendungen möglich. Der effektive Zinssatz beträgt derzeit

2,09 Prozent. Mit der Rückzahlung müssen Sie erst vier Jahre nach Auszahlung der ersten Rate beginnen. Die Höhe der monatlichen Raten beträgt 120 Euro. Einen Rechtsanspruch auf diesen Bildungskredit haben Sie allerdings nicht, denn es gibt hier ein begrenztes Budget – wenn es erschöpft ist, gehen Sie leer aus. Weitere Informationen erhalten Sie beim Bundesverwaltungsamt unter www.bva.bund.de.

Weitere Wege ins Ausland

Für die Karriere ist zwar ein Auslandspraktikum das beste Sprungbrett, doch gibt es auch noch andere Wege, Auslandserfahrung zu sammeln. Fremdsprachenkenntnisse und interkulturelle Kompetenz können Sie auch bei einem Auslandsstudium, einem Ferienjob oder in einem internationalen Freiwilligendienst erwerben.

Auslandsstudium

Das Leben in einem anderen Land können Sie während eines Auslandssemesters gut kennenlernen und auch Ihre Sprachkenntnisse werden davon nur profitieren. Achten Sie jedoch darauf, dass Sie sich auch hier rechtzeitig um einen Studienplatz kümmern müssen, denn bei Stipendien oder Austauschprogrammen liegen die Anmeldefristen häufig etwa ein Jahr vor dem Antritt des Auslandsaufenthaltes.

Der wichtigste Vermittler für ein Studium im Ausland ist der Deutsche Akademische Austauschdienst (DAAD). Die Europäische Union fördert ebenfalls Auslandsaufenthalte von Studenten durch das Programm ERASMUS. Ansprechpartner in Sachen Auslandsstudium ist das Akademische Auslandsamt der jeweiligen Hochschule.

Jobben

Wenn Sie Arbeitserfahrungen im Ausland sammeln wollen, aber kein Praktikum ergattern können, haben Sie immer noch die Möglichkeit, im Ausland zu jobben und dabei vielleicht etwas Geld zu verdienen. Ob Sie nun Erdbeeren pflücken, in einem Club als

Animateur arbeiten oder in einem Hotel die Bettwäsche wechseln – nützlich kann Ihnen auch eine solche Erfahrung sein, denn schließlich haben Sie im Ausland gearbeitet. Denken Sie daher daran, sich eine Bestätigung über Ihre Arbeit ausstellen zu lassen, auf der zumindest die Dauer und die Art der Tätigkeit vermerkt sind – man weiß nie, wozu man sie noch brauchen kann ...

Working Holiday Visum

Für die Länder Australien, Neuseeland, Kanada und Japan gibt es sogenannte Working Holiday Visa. Damit dürfen Sie zwölf Monate lang im jeweiligen Land arbeiten und reisen. Die Visa wenden sich speziell an junge Menschen, die in erster Linie Land und Leute kennenlernen sollen, nebenbei aber auch arbeiten wollen, um ihren Lebensunterhalt zu bestreiten. Voraussetzungen sind in allen Fällen die deutsche Staatsangehörigkeit und ein Nachweis, dass Sie über genügend finanzielle Mittel verfügen, um sich den Rückflug leisten zu können.

- **Australien:** Bei der Antragsstellung müssen Sie zwischen 18 und 30 Jahre alt sein. Außerdem müssen Sie ein finanzielles Polster von 5.000 australischen Dollar (derzeit ca. 3.900 Euro) mitbringen. Damit Sie dabei keinen festen Job ersetzen, dürfen Sie nur maximal sechs Monate beim selben Arbeitgeber bleiben – für ein Praktikum also mehr als genug Zeit. Weitere Informationen bei der australischen Botschaft unter www.australian-embassy.de.
- **Japan:** Bei Antragsstellung müssen Sie zwischen 18 und 25 Jahren alt sein. Dann dürfen Sie ein Jahr lang in Japan arbeiten, ausgenommen sind jedoch Jobs in Nachtclubs oder Bars. Weitere Informationen: www.de.emb-japan.go.jp
- **Kanada:** Hier müssen Sie bei Antragsstellung zwischen 18 und 35 Jahre alt sein, allerdings ist das Kontingent an Visa oft schnell erschöpft. Einige Berufsfelder sind von der Arbeitserlaubnis ausgenommen, darunter Kinderbetreuung, Lehre in Grundschulen und weiterführenden Schulen sowie Berufe des Gesundheitswesens. Weitere Informationen: www.canadainternational.gc.ca

- **Neuseeland:** Hier müssen Sie bei Antragsstellung zwischen 18 und 30 Jahren alt sein. Das Visum gilt für ein Jahr, doch Sie dürfen nicht die ganze Zeit durchgehend beschäftigt sein – das Reisen sollte bei Ihrem Aufenthalt im Vordergrund stehen. Weitere Informationen: www.nzembassy.com/germany

Freiwilligendienste

Wer nicht nur Arbeitserfahrung im Ausland sammeln will, sondern zugleich auch etwas Gutes tun will, hat die Möglichkeit an Hilfseinsätzen von Kirchen oder internationalen Jugendorganisationen teilzunehmen. Diese Art von Hilfsdienst ist bei Personalabteilungen in der Regel sehr angesehen, denn sie zeigt, dass Sie eine soziale Ader haben und bereit sind, sich für das Wohl anderer einzusetzen.

Wichtige Freiwilligendienste

AFS – Interkulturelle Begegnungen
(www.afs.de)
Angebot: Freiwilligendienste für junge Erwachsene

Aktion Sühnezeichen Friedensdienste e.V.
(www.asf-ev.de)
Angebot: soziale Freiwilligendienste für junge Leute zwischen 18 und 30 Jahren

Eirene – Internationaler Christlicher Friedensdienst e.V.
(www.eirene.org)

ICJA Freiwilligenaustausch weltweit
(www.icja.de)

Checkliste Auslandspraktikum: So gehen Sie vor

- Entscheiden Sie sich für ein Land.
- Überprüfen Sie Ihre Sprachkenntnisse.
- Erkundigen Sie sich bei der Botschaft nach Visumsbestimmungen, Arbeitserlaubnis usw.
- Lassen Sie die wichtigsten Unterlagen, die Sie für Ihre Bewerbung benötigen, übersetzen.
- Suchen Sie sich einen Praktikumsplatz.
- Haben Sie eine Zusage in der Tasche, bereiten Sie für den Arbeitgeber Anträge für Aufenthaltsgenehmigung und Arbeitserlaubnis vor, um diesen zu entlasten.
- Mit der Arbeitserlaubnis beantragen Sie das Visum.

6
Bewerbung und Vorstellungsgespräch

Sie haben ein Praktikumsangebot entdeckt, das Ihnen zusagt: Aufgabenbereich, Betreuung im Unternehmen, Termin – alles passt. Nun müssen Sie sich „nur" noch bewerben und hoffen, dass Sie die Stelle auch bekommen. Bei einer Bewerbung gibt es verschiedene Formen. Wenn Sie sich auf eine ausgeschriebene Stelle, zum Beispiel eine Annonce in der Tageszeitung oder einer Praktikumsbörse bewerben, werden Sie sich zumeist schriftlich bewerben – per Post oder per E-Mail. Diese schriftliche Bewerbung kann als klassische Bewerbung oder Kurzbewerbung erfolgen.

Für viele Studierende ist die Bewerbung um einen Praktikumsplatz die erste schriftliche Bewerbung überhaupt. Dementsprechend groß ist auch die Gefahr, etwas falsch zu machen. Aber auch die telefonische Bewerbung ist möglich. In diesem Kapitel erfahren Sie, was es bei der Bewerbung um einen Praktikumsplatz zu beachten gilt.

Beispiel

Sebastian ist in einer Praktikumsbörse auf ein interessantes Praktikum bei einer Software-Firma gestoßen. In der Ausschreibung ist eine E-Mail-Adresse angegeben. Deshalb entscheidet sich Sebastian für eine Bewerbung per E-Mail. Max möchte ein Praktikum in einer Steuerkanzlei machen und setzt dabei auf die klassische schriftliche Bewerbung. Dazu hat er eine Bewerbungsmappe in der Firmenfarbe gewählt. Nina steht noch ganz am Anfang ihres Studiums und möchte mit einem ersten Praktikum in die Verlagsbranche hineinschnuppern. Sie sendet eine Reihe von Initiativbewerbungen an verschiedene Verlagshäuser. Sie wählt dabei die Form der Kurzbewerbung: Anschreiben und Lebenslauf sollen neugierig auf die potenzielle Praktikantin machen.

Telefonische Kontaktaufnahme mit der Firma

Viele Studierende trauen sich nicht, telefonisch Kontakt mit einem Unternehmen aufzunehmen. Doch mit einem Anruf bei der Firma können Sie schon vor der Bewerbung Informationen einholen, die Ihre Konkurrenten vielleicht nicht haben, und erste Kontakte zur Personalabteilung knüpfen. In vielen Praktikumsbörsen und Stellenanzeigen wird ein Ansprechpartner mit Telefonnummer angegeben – es ist also durchaus erwünscht, dass sich Bewerber telefonisch mit dem Unternehmen in Verbindung setzen. Wenn Sie den Namen des Ansprechpartners nicht kennen, so lassen Sie sich mit der Personalabteilung verbinden, bei kleinen Betrieben auch mit der Geschäftsleitung.

Achtung

Eine telefonische Kontaktaufnahme bringt sowohl Chancen als auch Risiken mit sich. Nicht selten mündet ein an sich „harmloses" Telefongespräch in ein Kurzinterview. Bereiten Sie sich daher gründlich darauf vor.

Gerade bei Initiativbewerbungen empfiehlt es sich, kurz beim Unternehmen nachzufragen, ob es auch tatsächlich einen Praktikanten benötigt. Auf diese Weise können Sie sich Zeit und Porto sparen. Allerdings dauert es oft lange, bis man zum richtigen Ansprechpartner vordringt, ohne abgewimmelt zu werden. Versuchen Sie also vor dem Gespräch – zum Beispiel über das Internet –, die zuständige Person herauszufinden.

Bei einer telefonischen Kontaktaufnahme ist die Gefahr, unangenehm aufzufallen, fast ebenso hoch wie die Chance, einen guten Eindruck zu hinterlassen. Damit Sie nicht gleich auf der „Unerwünscht"-Liste landen, sollten Sie ein paar wichtige Punkte beachten.

Nach einem solchen Gespräch werden Sie schon etwas mehr über den Praktikumsplatz wissen – nicht zuletzt auch, welche Unterlagen Sie im Bewerbungsverfahren einreichen müssen. Ein weiterer Vorteil einer telefonischen Kontaktaufnahme: Sie haben einen konkreten Anknüpfungspunkt für Ihre Bewerbung. In der Betreff-Zeile Ihres Anschreibens steht dann „Unser Telefonat vom 20.7.2012: Bewerbung um ein Praktikum in der Presseabteilung".

> **Checkliste: Telefonischer Erstkontakt**
>
> - Bereiten Sie sich auf das Gespräch vor. Welches Ziel verfolgen Sie mit dem Telefonkontakt?
> - Notieren Sie sich Ihre Fragen schriftlich. Stellen Sie keine Fragen, die bereits in der Stellenausschreibung beantwortet werden.
> - Halten Sie die Stellenausschreibung, Ihren Lebenslauf und Notizblock und Stift parat.
> - Beachten Sie den Zeitpunkt Ihres Anrufs. Am Montagmorgen oder zur Mittagszeit sollten Sie Ihren Gesprächspartner lieber nicht stören.
> - Telefonieren Sie nicht zwischen Tür und Angel, sondern ziehen Sie sich an einen Platz zurück, an dem Sie ungestört sind.
> - Wenn Ihr Gesprächspartner gerade beschäftigt ist, bietet man Ihnen vielleicht einen Rückruf an. Sorgen Sie dafür, dass Sie dann auch erreichbar sind.
> - Haben Sie den gewünschten Gesprächspartner am Apparat, so fragen Sie ihn zunächst, ob er Zeit für ein kurzes Gespräch hat.
> - Fallen Sie Ihrem Gesprächspartner nicht ins Wort, sprechen Sie deutlich und nicht gekünstelt.
> - Sprechen Sie den Gesprächspartner ab und zu mit Namen an.

Die Kurzbewerbung

Manche Unternehmen erwarten von Praktikanten lediglich eine Kurzbewerbung und fordern bei Interesse weitere Unterlagen an. Auch für eine Initiativbewerbung eignet sich dieses Format. Bei einer Initiativbewerbung (auch Blindbewerbung genannt) bewerben Sie nicht auf eine ausgeschriebene Stelle, sondern „einfach so" auf gut Glück. Viele Unternehmen schreiben nämlich nicht alle freien Stellen aus, da sie ohnehin genug Anfragen bekommen, oder nehmen eine interessante Bewerbung zum Anlass, eine Praktikantenstelle zu schaffen.

Die Vorteile, die eine Kurzbewerbung für Sie als Bewerber bringt, liegen auf der Hand: Sie sparen Zeit und Geld, denn Sie müssen keine kostspieligen Kopien von Fotos und Zeugnissen anfertigen.

Finden Sie im Vorfeld den Ansprechpartner beim Unternehmen heraus und richten Sie Ihre Bewerbung an diese Person. Die Kurzbewerbung besteht aus folgenden Elementen:

- einseitiges Anschreiben,
- maximal zweiseitiger Lebenslauf.

Einzelheiten zu Anschreiben und Lebenslauf lesen Sie in den folgenden Abschnitten. Wenn ein Unternehmen Interesse an Ihnen hat, wird es sich mit Ihnen in Verbindung setzen und weitere Unterlagen anfordern. Bieten Sie daher auch immer an, „auf Wunsch" weitere Unterlagen zu schicken. Bei Initiativbewerbungen – gerade wenn sie per E-Mail erfolgen – kann es auch sein, dass Sie überhaupt keine Rückmeldung bekommen, wenn Sie für ein Praktikum nicht infrage kommen. Nach ungefähr drei Wochen können Sie hier nachhaken.

Die Bewerbung per E-Mail

Auch wenn Sie sich „nur" um einen Praktikumsplatz bewerben, müssen Sie in der Regel dieselben Unterlagen einreichen wie bei der Bewerbung für eine „richtige" Stelle. Haben Sie dabei stets im Auge, dass Ihre Bewerbungsunterlagen Ihre Visitenkarte sind. Geübte Personalchefs beschäftigen sich meist weniger als eine Minute mit einer Bewerbung, um eine erste Vorauswahl zu treffen. Viel Zeit, die Unterlagen durchzulesen, nehmen sie sich nicht.

In den meisten Fällen bestimmt schon die äußere Form den Eindruck, den Sie auf die Personalentscheider machen. In der Tat erfolgt ein Großteil der Absagen aufgrund von formalen Mängeln, schlechten Anschreiben und unvollständigen Unterlagen. Nur wenige Studierende wissen, dass es sich bei einer Bewerbung um eine Art Probearbeit handelt, aufgrund deren die Personalabteilung ein erstes Urteil über sie fällt. Worauf sollten Sie nun aber achten, wenn Sie mit einer Bewerbung Aufmerksamkeit erregen wollen – und zwar im positiven Sinn?

Heute werden etwa zwei Drittel aller Bewerbungen elektronisch auf den Weg gebracht. Die Vorteile liegen auf der Hand: Sie sparen sich Geld für Zeugniskopien und Porto und auch die Papierflut wird ein wenig eingedämmt. Wenn in einem Stellenangebot eine E-Mail-Adresse angegeben ist oder sich in einer Praktikumsbörse gleich ein Link zum zuständigen Ansprechpartner befindet, können Sie sich also jederzeit per E-Mail auf die Stelle bewerben.

Nach dem Absenden der Bewerbung erhalten Sie oft eine automatische Eingangsbestätigung, die Ihnen sagt, dass Ihre E-Mail angekommen ist. Passiert das nicht und hören Sie auch sonst nichts von diesem Unternehmen, so können Sie nach ca. einer Woche nachhaken, ob Ihre Bewerbung auch angekommen ist.

Formale Gestaltung

Bei einer Bewerbung per E-Mail packen Sie alle Dokumente – Anschreiben, Lebenslauf, Foto und Zeugnisse – in einer einzigen PDF-Datei zusammen. So kann der Empfänger die Bewerbungen leichter ausdrucken und verwalten. An erster Stelle steht dabei das Anschreiben, dann folgen Lebenslauf und Zeugnisse – zuerst das aktuellste Zeugnis, dann chronologisch rückwärts zum ältesten Zeugnis. Insgesamt sollte die Datei nicht größer als 2 MB sein. Achten Sie schon beim Einscannen von Zeugnissen und anderen Dokumenten auf die Größe und scannen Sie sie in einer geringen Auflösung, sodass die Dokumente aber trotzdem noch gut lesbar sind. Eine fertige PDF-Datei zu verkleinern oder zu komprimieren, ist schwieriger und lässt sich oft nur mit Hilfe spezieller Programm bewältigen. Geben Sie der Datei auch einen sinnvollen Namen zum Beispiel „Bewerbung Max Mustermann".

Am Bildschirm lässt sich die Bewerbung zwar größer darstellen, doch häufig werden die Bewerbungsunterlagen auch ausgedruckt. Deshalb sollten Ihre Dokumente gut lesbar sein. Dies erreichen Sie mit den Schriften Arial und Times New Roman, die Schriftgröße sollte 10 bis 12 Punkt betragen. Stellen Sie außerdem einen einzeiligen Zeilenabstand ein.

Großen Wert sollten Sie auf korrekte Rechtschreibung und Zeichensetzung legen. Falls Sie sich unsicher sind, lassen Sie die Dokumente lieber von jemandem gegenlesen. Abkürzungen, Smileys und andere Icons sind – auch im Text der eigentlichen E-Mail – tabu.

Wichtig ist bei einer E-Mail-Bewerbung auch eine aussagekräftige Betreffzeile: Der Empfänger muss erkennen können, dass Sie sich bewerben und auf welche Stelle Sie sich bewerben. Schreiben Sie dort also zum Beispiel so etwas wie „Bewerbung für ein Praktikum im Lektorat" hinein.

In die E-Mail selbst können Sie entweder den Text Ihres Anschreibens einsetzen oder einfach nur kurz auf die Anlagen verweisen: „Hier erhalten Sie im Anhang meine Bewerbungsunterlagen für ein Praktikum im Ihrer Pressestelle." Zusätzlich kommt das Anschreiben aber auch noch in die Anlage zu den übrigen Bewerbungsunterlagen, damit der Empfänger alle Unterlagen leicht ausdrucken kann. Ans Ende der E-Mail setzen Sie Ihre vollständige Adresse mit Anschrift, Telefonnummer und Mobiltelefonnummer.

[ ] **Tipp: E-Mail-Adresse prüfen**

Legen Sie sich für Bewerbungen eine „seriöse" E-Mail-Adresse zu. Mit „Sexbomb@server.de" bringen Sie zwar vielleicht Freunde zum Lachen, ein Personalentscheider findet dies aber vielleicht nicht ganz so lustig.

Das Anschreiben

Das Anschreiben ist derjenige Teil einer Bewerbung, der am schwierigsten zu gestalten ist, da es individuell auf die ausgeschriebene Stelle und das Unternehmen zugeschnitten wird. Sie haben hier zwar relativ viel Gestaltungsraum, trotzdem gilt es einige Regeln zu beachten.

Analysieren Sie die Stellenanzeige genau, sodass Sie auf die Anforderungen des Unternehmens eingehen können. Greifen Sie keinesfalls auf ein Standardschreiben aus einem Bewerbungshandbuch zurück und senden Sie auch nicht denselben Brief an jedes Unternehmen. Gehen Sie auf die jeweilige Firma ein – Sie brauchen dafür zwar etwas Zeit, doch zeigt es den Personalverantwortlichen, dass Sie sich wirklich mit der Stelle beschäftigt haben.

Wiederholen Sie in Ihrem Anschreiben nicht Informationen, die schon in Ihrem Lebenslauf zu finden sind. Versuchen Sie stattdessen kurz und prägnant, den Leser für Ihre Person zu interessieren. Dabei zeigen Sie, mit welchen Erfahrungen und Qualifikationen Sie die Anforderungen des Praktikums erfüllen, und erläutern Sie dem Unternehmen, warum Sie geeignet sind. Sie dürfen ruhig zeigen, was Sie auf dem Kasten haben, sollten dabei aber nicht überheblich wirken – das ist manchmal eine schwierige Gratwanderung.

Verzichten Sie auf Formeln wie „Hiermit möchte ich mich um einen Praktikumsplatz als ... bewerben" oder „In Bezug auf Ihre Anzeige in der Zeitung vom ..." Dies geht aus der Betreff-Zeile hervor und lenkt nur von der eigentlichen Aussage Ihres Anschreibens ab. Schreiben Sie stattdessen einfach: „Ich bewerbe mich". Auch Konjunktive wie „könnte" oder „würde" sollten Sie vermeiden, denn sie klingen umständlich und erwecken den Eindruck, Sie seien unsicher.

In kreativen Berufen darf das Anschreiben durchaus einmal etwas origineller gestaltet werden, doch können Sie damit auch schnell daneben liegen, falls Sie nicht den richtigen Ton treffen. Lehnen Sie sich daher nicht zu weit aus dem Fenster und entscheiden Sie sich im Zweifelsfall lieber für ein klassisches Anschreiben.

Das Anschreiben sollte vor allem Antwort auf drei Fragen geben:

- Warum haben Sie sich für dieses Praktikum entschieden?
- Warum bewerben Sie sich gerade bei diesem Unternehmen?
- Welche Qualifikationen und Interessen bringen Sie dafür mit?

Aufbau des Anschreibens

- Im Briefkopf steht Ihre vollständige Adresse, geben Sie auch Ihre Telefonnummer an. Auch Mobilfunknummer und E-Mail-Adresse machen sich gut, da sie eine größere Erreichbarkeit garantieren.
- Adressieren Sie das Schreiben an einen bestimmten Ansprechpartner, sofern Ihnen dieser bekannt ist. Die Abkürzung „z. Hd." ist allerdings veraltet, ein schlichtes „Herrn Peter Schmidt" genügt vollkommen. Die Firma steht in der ersten Zeile der Adresse.
- Das Wort „Betreff" in der sogenannten Betreffzeile gilt ebenfalls als überholt. Schreiben Sie stattdessen einfach nur „Bewerbung um einen Praktikumsplatz im Bereich ...".
- Die korrekte Anredeform ist „Sehr geehrter Herr Schmidt, " Nur wenn Sie keinen Ansprechpartner herausfinden konnten, können Sie „Sehr geehrte Damen und Herren," schreiben.
- Schreiben Sie keinen Roman. Bei Praktikanten und Berufsanfängern sollte das Anschreiben nicht mehr als eine Seite umfassen. Geben Sie kurz an, warum Sie sich um diesen Praktikumsplatz bewerben und aus welchen Gründen Sie gerade bei diesem Unternehmen arbeiten wollen. Gehen Sie kurz auf Ihre beruflichen Ziele ein und stellen Sie Qualifikationen heraus, die Sie für das Unternehmen interessant machen.
- Geben Sie auch Ihre Wünsche zu Praktikumsdauer und -zeitraum an. Gibt es eventuell Ausweichmöglichkeiten?
- Etwa vier bis fünf Zeilen vor Seitenende wird das Anschreiben mit der Grußformel „Mit freundlichen Grüßen" beendet. Darunter steht die Originalunterschrift mit Vor- und Nachname. Verwenden Sie blaue oder schwarze Tinte oder Kugelschreiber, keine ausgefallenen Farben.
- Anlagen werden heute nicht mehr einzeln aufgelistet. Das Wort „Anlagen" am Ende reicht als Hinweis aus.

Das Bewerbungsfoto

Die Meinungen, inwiefern ein Bewerbungsfoto die Entscheidungen der Personalabteilung beeinflusst, gehen weit auseinander. Nicht wenige Personalentscheider geben jedoch zu, noch vor dem Anschreiben das Foto genau unter die Lupe zu nehmen. Ein gutes Foto kann daher bei einer Bewerbung tatsächlich Wunder wirken. Verwenden Sie am besten ein Porträtfoto, das nicht älter als ein Jahr ist.

Eigentlich versteht es sich von selbst, doch sei es an dieser Stelle trotzdem noch einmal gesagt: Urlaubsfotos und Fotos aus Automaten sind tabu, gehen Sie unbedingt zu einem Profifotografen.

Ob die Bilder farbig oder schwarz-weiß sind, bleibt Ihnen selbst überlassen. Oft gibt Ihnen der Fotograf eine digitale Kopie Ihres Bewerbungsfotos mit (fragen Sie auf jeden Fall danach), sodass Sie es gut in Ihre digitale Bewerbungsmappe einfügen können. Sie können es entweder rechts oben auf Ihrem Lebenslauf einfügen oder es zusammen mit Ihren Kontaktdaten auf eine eigenen Seite setzen.

Knallbunte Kleidung, auffällige Krawatten oder zu viel Schmuck machen auf eher konservative Personalchefs keinen guten Eindruck. Kleiden Sie sich lieber dezent. Auch ein Lächeln hat noch keinem Bewerber geschadet.

Der Lebenslauf

Der Lebenslauf soll einen Personalentscheider schnell über Ihren beruflichen Werdegang informieren. Er sollte daher übersichtlich und ansprechend gestaltet sein. Ursprünglich war der Lebenslauf chronologisch aufgebaut, er begann mit der Schulausbildung und endete mit der aktuellen Tätigkeit. Heute hat sich jedoch die gegenchronologische Variante durchgesetzt, wie auch international, vor allem im englischsprachigen Raum, üblich ist: Hier beginnen Sie mit Ihrer jüngsten Studien- und Berufserfahrung und gehen dann weiter in der Zeit zurück.

Wenn nicht ausdrücklich ein handschriftlicher Lebenslauf gefordert wird (manche Unternehmen schalten tatsächlich einen Graphologen ein), erstellen Sie den Lebenslauf am Computer und bauen ihn tabellarisch auf. Damit sich der Leser leichter zurechtfindet, können Sie Überschriften fetten.

Eigentlich sollte der Lebenslauf eines Studenten nicht länger als eine DIN-A4-Seite sein. Falls Sie jedoch sehr viele Daten mit aufnehmen müssen, ist es besser, diese auf zwei Seiten zu verteilen, als alles in einer winzigen Schrift auf eine Seite zu quetschen.

Das gehört in den Lebenslauf

Persönliche Daten
- Vor- und Nachname, ggf. Geburtsname
- vollständige Anschrift (mit Mobiltelefonnummer und E-Mail-Adresse)
- Geburtsdatum und Geburtsort
- Familienstand (optional)
- Staatsangehörigkeit (nur wenn sie nicht eindeutig ist)

Berufserfahrung und Praktika
- Bei der Bewerbung für einen Praktikumsplatz werden Sie noch nicht viel Erfahrung mitbringen, deshalb können an dieser Stelle auch Ferienjobs stehen. Geben Sie Arbeitgeber, Tätigkeit und Dauer des Ferien- oder Nebenjobs an. Bei Tätigkeiten, die in Zusammenhang mit Ihrem Berufsziel stehen, können Sie zum Beispiel mit einer Aufzählung mit Bulletpoints detaillierter auf Ihre Tätigkeiten eingehen.
- Generell bringt es einen Pluspunkt, wenn Sie schon praktische Vorerfahrungen mitbringen und schon mal ins Erwerbsleben hineingeschnuppert haben. Vergessen Sie daher keine Tätigkeit, die Ihnen irgendwie nützen könnte, und sei es Kellnern oder Arbeit an der Telefonzentrale.
- Sehr hoch bewertet werden von den Personalverantwortlichen Ehrenämter oder soziales und politisches Engagement.

Berufs- bzw. Hochschulausbildung
- Bei einer Berufsausbildung geben Sie Zeitraum, Ausbildungsrichtung und Lehrfirma an.
- Bei einem Studium geben Sie die Art der Bildungsstätte (Universität oder Hochschule), den Studienort, die Fachrichtung sowie eventuelle Studienschwerpunkte an.
- Auslandssemester, das Thema Ihrer Diplomarbeit oder ein Aufbau- oder Zusatzstudium führen Sie gesondert an.
- Achten Sie beim Studium auf detaillierte Zeitangaben, denn nur so kann ein Personalentscheider die Zahl der Semester berechnen.

Wehr- bzw. Zivildienst
- Angabe, wann und wo der Wehr- bzw. Zivildienst abgeleistet wurde
- Wenn Ihre damalige Tätigkeit in unmittelbarem Zusammenhang mit Ihrem Berufs- bzw. Praktikumswunsch steht, können Sie dies durchaus herausstellen.

Schulausbildung
- Glatte Jahreszahlen für Grundschule und weiterführende Schulen
- Wenn Sie wollen, können Sie die Abschlussnote angeben, doch geht diese eigentlich aus dem beiliegenden Zeugnis hervor.

weiter siehe nächste Seite

Das gehört in den Lebenslauf

Weiterbildung

- Hier können Sie ergänzende Qualifikationen angeben, die Sie sich in Seminaren und Kursen angeeignet haben.

Zusatzkenntnisse

- In diese Rubrik fallen zum Beispiel EDV- oder Fremdsprachenkenntnisse.
- Auch Kenntnisse, die mit dem Praktikum zwar direkt nichts zu tun haben, aber dennoch eine besondere Qualifikation darstellen, können Sie hier aufführen. Dazu zählen zum Beispiel Blindenschrift oder Gebärdensprache.

Interessen und Hobbys

- Diese Rubrik sagt etwas über Ihr Privatleben aus. Wägen Sie daher sorgfältig ab, welche Hobbys Sie hier angeben. Wenn Sie sich zum Beispiel gern nächtelang in Clubs und Diskotheken herumtreiben, sollten Sie dies lieber nicht anführen, da der Personalentscheider sofort befürchten wird, dass Sie während der Arbeitszeit nur Ihren Schlaf nachholen wollen. Einen guten Eindruck machen dagegen Mannschaftssportarten, denn sie zeigen, dass Sie teamfähig sind. Am besten geben Sie hier eine Sportart und ein kulturelles Interesse an.
- Auch Ehrenämter oder soziales Engagement machen sich in dieser Rubrik gut.

Ort, Datum und Originalunterschrift (Vor- und Nachname)

Was tun bei Lücken im Lebenslauf? Wenn Ihr Lebenslauf Lücken aufweist, zum Beispiel, weil Sie einen längeren Urlaub eingelegt oder nach dem Abitur erst einmal ein Jahr Work & Travel in Australien gemacht haben, sollten Sie dies auch in Ihrem Lebenslauf angeben. Stellen Sie diese Lücken positiv dar: In Australien haben Sie zum Beispiel Englisch gelernt und viel Eigeninitiative und Organisationstalent entwickelt. Kindererziehungszeiten können Sie ruhig als solche angeben. Grundsätzlich sollten Sie in der Lage sein, alle Angaben, die Sie im Lebenslauf gemacht haben, im Vorstellungsgespräch zu erläutern. Nehmen Sie daher nichts auf, was Sie nicht näher ausführen können.

Anlagen

Bei der Bewerbung für ein Praktikum haben Sie meist noch nicht viele Zeugnisse, die Sie vorlegen können. Deshalb kommt jedem

einzelnen eine besonders hohe Bedeutung zu. Für Ihre Bewerbungsmappe sind relevant:
- Abiturzeugnis,
- gegebenenfalls Ausbildungszeugnis,
- Zeugnis über Zwischenprüfung, Vordiplom oder Ähnliches,
- Praktikumszeugnisse.

Außerdem können Sie noch Bestätigungen über wissenschaftliche Hilfstätigkeiten, freie Mitarbeit oder Mitarbeit in Fachschaften beilegen. Die Zeugnisse sollten Ihren beruflichen Werdegang lückenlos dokumentieren. Das aktuellste Zeugnis steht dabei an erster Stelle, danach gehen sie rückwärts chronologisch vor. Gerade bei Zeugnissen über bereits abgeleistete Praktika ist es wichtig, dass Ihre Aufgaben und Tätigkeiten in diesem Unternehmen genau beschrieben werden, damit sich Ihr potenzieller Arbeitgeber ein Bild von Ihren bereits vorhandenen Kenntnissen und Fähigkeiten machen kann. Denken Sie auch daran, bei fremdsprachlichen Zeugnissen eine Übersetzung anfertigen zu lassen. Für Praktika im Journalismus oder im Bereich Design/Werbung empfiehlt es sich, zwei bis drei ausgewählte Arbeitsproben beizulegen.

Wer gute Kontakte hat, kann diese für Empfehlungsschreiben nutzen. Dies ist besonders angeraten, wenn Sie bisher nur wenige aussagekräftige Zeugnisse haben. Für Referenzen kommen Personen in Frage, die Sie und Ihre Arbeitsweise gut kennen, zum Beispiel ein Hochschuldozent, bei dem Sie schon länger studieren oder als wissenschaftlicher Mitarbeiter tätig sind. Mehr als zwei Empfehlungsschreiben sollten Sie aber Ihrer Bewerbung nicht beilegen. Oft macht es auch schon einen guten Eindruck, wenn Sie zwei bekannte Personen (zum Beispiel frühere Arbeitgeber oder Dozenten) in Ihrer Bewerbung als Referenzpersonen angeben, ohne gleich ein Empfehlungsschreiben beizulegen. In einem solchen Fall sollten Sie diese Personen aber unbedingt davon in Kenntnis setzen, damit sie informiert sind, wenn ein Personalchef anruft.

Und noch ein kleiner Hinweis zum Schluss: Viele Unternehmen setzen sich telefonisch mit einem Bewerber in Verbindung, um einen Termin für ein Vorstellungsgespräch zu vereinbaren. Seien Sie also auf einen Anruf der Personalabteilung vorbereitet. Dazu gehört auch ein seriöser Text auf dem Anrufbeantworter oder der Mailbox. Auch Familienmitglieder und Mitbewohner sollten Sie über Ihre Bewerbungen informieren, damit diese dann nicht um 12 Uhr mittags sagen: „Der Markus? Ist nicht da, der wird wohl wieder irgendwo versumpft sein!"

Checkliste: Bewerbungsunterlagen

- Sind die Unterlagen vollständig?
  (Anschreiben, Lebenslauf, Foto, Zeugnisse, Tätigkeitsnachweise)
- Ist jede Station in Ihrem Lebenslauf dokumentiert?
- Haben Sie überflüssige Unterlagen entfernt?
- Sind die Zeugnisse chronologisch geordnet
  (das neueste Zeugnis an erster Stelle)?
- Sind Ihre Anlagen maximal 2 MB groß?
- Haben Ihre Anlagen einen sinnvollen Namen?
- Ist die E-Mail-Adresse des Empfängers korrekt eingegeben?
- Hat die E-Mail eine Betreffzeile, die dem Empfänger klipp und klar sagt, worum es in Ihrer E-Mail geht?

Online-Bewerbung über ein Bewerbungsformular

Viele Firmen stellen auf ihrer Homepage bereits ein Bewerbungsformular zur Verfügung, das Sie ausfüllen und mit Mausklick verschicken müssen. Das geht zwar schnell, doch der Nachteil liegt auf der Hand: Sie können nur wenige persönliche Angaben machen und die Bewerbung nicht individuell gestalten. Das Unternehmen dagegen hat es einfach: Es kann die Bewerbungen schnell durchgehen und wer nicht ins vorgegebene Muster passt, wird aussortiert. Achten Sie darauf, dass Sie diese Formulare vollständig ausfüllen, damit Sie nicht von vornherein durch das Raster fallen.

Oft ist in diesen Formularen ein Kästchen angelegt, in dem Sie ein wenig frei schreiben können und Anmerkungen zu Ihrer Bewerbung machen können. Nutzen Sie dies und machen Sie hier die Motivation für Ihre Bewerbung deutlich.

Die Bewerbung auf dem Postweg

Auch wenn sie immer seltener wird – ganz ausgedient hat die Bewerbung auf dem Postweg immer noch nicht. Grundsätzlich können Sie sich immer noch für diese Variante entscheiden. Ist bei einer Stellenausschreibung keine E-Mail-Adresse angegeben, so sollten Sie dies sogar tun.

Die Bewerbungsmappe

Kernstück der klassischen Bewerbung ist die Bewerbungsmappe, die alle wichtigen Unterlagen enthält. Sauber und ordentlich sollte sie aussehen, doch sollten Sie es dabei nicht übertreiben. Wer zum Beispiel jedes Blatt Papier in eine eigene Klarsichthülle steckt, erscheint pingelig. Auch wird die Bewerbungsmappe dadurch schnell recht dick und unhandlich. Am besten geeignet ist nach wie vor eine Kunststoffmappe mit Klemmverschluss und durchsichtigem Deckblatt. Vermeiden Sie dabei jedoch knallbunte Farben und schräge Muster – es sei denn, es handelt sich um die Firmenfarbe. In diese Mappe legen Sie nun Ihre Unterlagen in chronologischer Reihenfolge ein – das älteste Zeugnis kommt ganz nach unten.

Die Bewerbungsunterlagen

Die Bewerbungsunterlagen sind hier dieselben wie bei der Bewerbung per E-Mail: Anschreiben, Lebenslauf mit Foto und Anlagen. Das Anschreiben wird jedoch nicht mit den übrigen Unterlagen in die Bewerbungsmappe eingelegt, sondern liegt lose oben auf der Mappe.

Auch hier gilt wieder: Ein professionelles Foto ist ein Muss. Bekommen Sie eine digitale Kopie Ihres Bewerbungsbildes mit, können Sie selbst weitere Abzüge ausdrucken. Achten Sie auf die Qualität der Bilder. Falls Ihr Drucker zu Hause nicht gut auf Fotopapier druckt, lassen Sie die Abzüge lieber in einem Fotogeschäft anfertigen. Noch immer ist es gang und gäbe, das Foto mit einer Büroklammer an den Lebenslauf zu heften. Doch es kann leicht herunterfallen und der Personalchef kann es dann nicht mehr der richtigen Bewerbung zuordnen. Kleben Sie das Foto deshalb lieber an einen vorgesehenen Platz im Lebenslauf oder auf ein gesondertes Blatt Papier. Für alle Fälle sollten Sie aber trotzdem Ihren Namen hinten aufs Foto schreiben.

Brauchen Sie beim Lebenslauf mehr als eine Seite, so verwenden Sie in einem solchen Fall lieber zwei Einzelblätter, nicht Vorder- und Rückseite desselben Blattes.

Verschicken Sie keine Originalzeugnisse, sondern machen Sie Kopien im DIN-A4-Format. Dass diese gut leserlich sein sollten, versteht sich von selbst. Außerdem sollten die Kopien nur einseitig bedruckt sein.

Wichtig ist bei einer Bewerbung auf dem Postweg auch die äußere Form – hier kann mehr schief gehen als bei einer Bewerbung per E-Mail. Flecken, Eselsohren oder verknitterte Unterlagen hinterlassen keinen guten Eindruck. Achten Sie daher auf einen einwandfreien Zustand Ihrer Unterlagen. Bewerbungsunterlagen, die Sie mit einer Absage zurückbekommen, sollten Sie nicht noch einmal verschicken. Machen Sie lieber neue Kopien.

Und nicht zuletzt: Achten Sie auf die korrekte Firmenanschrift und das richtige Briefporto. Wenn ein Unternehmen erst den Geldbeutel zücken muss, um Ihre Bewerbung entgegenzunehmen, haben Sie meist schon verspielt.

Das Vorstellungsgespräch

Sie haben nun also einige Bewerbungen für einen Praktikumsplatz auf den Weg gebracht. Normalerweise erhalten Sie etwa ein bis zwei Wochen nach Eingang Ihrer Bewerbung eine kurze Mitteilung, die den Eingang Ihrer Unterlagen bestätigt. Nach rund zwei bis vier weiteren Wochen dürfen Sie dann mit einer Einladung zum Vorstellungsgespräch rechnen. Üben Sie sich also in Geduld. Wer zig Mal in der Personalabteilung anruft und sich nach dem Stand des Bewerbungsverfahrens erkundigt, wird schnell in die Rubrik „nervig" einsortiert.

Vermeiden Sie während dieser Zeit auch längere Urlaube, denn es wäre doch schade, wenn Ihnen ein Praktikumsplatz durch die Lappen gehen würde, nur weil Sie den Anruf der Personalabteilung nicht entgegennehmen konnten. Schlägt man Ihnen dann einen Termin für ein Vorstellungsgespräch vor, sollten Sie diesen Termin nur in wirklich wichtigen Fällen ausschlagen und wenn möglich lieber einen anderen Termin deswegen verschieben.

Bei einem Auslandspraktikum werden Sie in der Regel nicht persönlich zu einem Vorstellungsgespräch erscheinen können. Wenn Sie Ihre Praktikumsstelle über eine Agentur bekommen, wird diese jedoch oft auch ein persönliches Gespräch mit Ihnen führen wollen. Oft geschieht dies über Skype, denn mittels Webcam kann sich die Agentur ebenfalls einen guten Eindruck von Ihnen verschaffen. Auch wenn Sie sich direkt bei einem Unternehmen im Ausland bewerben, sollten Sie auf der Bewerbung Ihren Skype-Namen angeben, denn so kann Ihr zukünftiger Arbeitgeber mit Ihnen Kontakt aufnehmen.

Auf die Vorbereitung kommt es an!

Bei einem Vorstellungsgespräch ist es besonders wichtig, gut vorbereitet zum Termin zu erscheinen, denn schließlich zeigen Sie damit, dass Ihnen wirklich etwas an diesem Praktikumsplatz liegt. Ein bisschen haben Sie sich ja bereits bei der Wahl des Unternehmens und beim Zusammenstellen der Bewerbungsunterlagen mit

Ihrem potenziellen Arbeitgeber auseinandergesetzt. Nun ist es an der Zeit, dieses Wissen zu vertiefen. Dazu gehören zum Beispiel die folgenden Punkte:
- Bedeutung und Struktur der Branche,
- wichtige Konkurrenzunternehmen,
- Zielgruppe,
- Standorte,
- wichtige Projekte,
- Namen von Geschäftsführer, Vorstand usw.,
- Produktportfolio des Unternehmens,
- Rechtsform,
- Mitarbeiteranzahl,
- Umsatz und Marktanteile,
- Berichterstattung in der Presse.

Heute ist fast jedes Unternehmen mit einer eigenen Website im Internet zu finden. Nutzen Sie diese Informationsquelle, um so viel wie möglich über Ihren potenziellen Arbeitgeber zu sammeln. Große Unternehmen geben zudem häufig Firmenbroschüren heraus, in denen Sie wichtige Informationen zu Größe, Produkten, Forschungsgebieten und Firmenstruktur finden. Sie erhalten diese Broschüren bei der Abteilung für Presse und Öffentlichkeitsarbeit. Kleinere Firmen haben meist keine solchen Broschüren, doch sind sie mit mehr oder weniger gut gestalteten Websites im Internet vertreten – mit einem Klick können Sie sich dort die gesuchten Informationen holen.

Wenn Sie einen Praktikumsplatz suchen, ist dieses Vorstellungsgespräch oft Ihr erstes Vorstellungsgespräch überhaupt – von den Ferienjobs einmal abgesehen. Entsprechend groß ist auch die Nervosität. Sie können diese Situation aber auch üben: Bitten Sie einen Freund oder ein Familienmitglied, die Rolle des Personalchefs zu übernehmen, und stellen Sie die Situation eines Vorstellungsgesprächs möglichst realistisch nach. Wenn Sie wollen, können Sie dieses Rollenspiel auch als Video festhalten, denn so können Sie Ihre Fremdwirkung testen. Dies mag Ihnen zwar ein bisschen viel Aufwand für ein Praktikum erscheinen, doch nützt

Ihnen diese Erfahrung auch für Präsentationen in der Hochschule und erst recht später im Berufsleben noch. Die Bewerbung um den Praktikumsplatz wird garantiert nicht Ihre letzte Bewerbung bleiben!

Fahren Sie vorher schon einmal den Weg zum Unternehmen ab (vorausgesetzt, es ist vor Ort) und finden Sie heraus, mit welchen Verkehrsmitteln Sie es erreichen. So laufen Sie am entscheidenden Tag nicht Gefahr, sich völlig zu verschätzen und zu spät zum vereinbarten Termin zu erscheinen. Es ist übrigens genauso unvorteilhaft, viel zu früh zum Vorstellungstermin zu erscheinen wie zu spät. Falls Sie zu früh dran sind, sollten Sie sich daher noch ein bisschen die Beine vertreten oder einen Kaffee trinken. Als Faustregel gilt: Melden Sie sich etwa zehn Minuten vor dem vereinbarten Zeitpunkt am Empfang.

Im Gepäck sollten Sie noch einmal Ihre kompletten Bewerbungsunterlagen haben, außerdem Notizblock und Stift, eventuelle weitere Informationen über das Unternehmen (zum Beispiel Broschüren oder Geschäftsbericht) sowie einen Zettel mit Fragen, die Sie stellen wollen.

Was ziehe ich an?

Die Kleiderfrage stellt für viele Studenten ein besonderes Problem dar, denn oft findet sich noch kein ordentlicher Anzug oder ein Kostüm im Kleiderschrank. Auch gilt das Studium nach wie vor als Zeitraum, in dem man seine Individualität über bunte Haare oder Piercings ausdrückt, und viele Studierende sehen gar nicht ein, warum sie für ein kurzes Praktikum von drei Monaten ihre Identität verleugnen sollen. Grundsätzlich gilt: Stimmen Sie Ihre Kleidung auf die Art des Unternehmens und die angestrebte Tätigkeit ab. Wenn Sie als Student der Wirtschaftswissenschaften in einer Bank unterkommen wollen, ist ein gepflegtes Äußeres Pflicht – da müssen es halt auch einmal Anzug und Krawatte sein. Wenn Sie jedoch Agrarwissenschaft studieren und ein Praktikum in der Landwirtschaft machen wollen, ist eher robuste und bodenständige Kleidung angesagt. Achten Sie auch darauf, dass Sie sich in

Ihrer Kleidung wohlfühlen, und tragen Sie neue Schuhe vorab ein, damit Sie keine Blasen bekommen und dann bei der Betriebsbesichtigung herumhumpeln müssen.

Sie können damit auch schon einmal für später „üben", denn angemessene Kleidung ist auch später im Praktikumsalltag ein wichtiger Punkt. Sie muss nicht superformal sein, aber nabelfreie Oberteile, weite Ausschnitte, Spaghettiträger, tiefsitzende Hosen, die den Blick auf alles Mögliche freigeben, sind tabu.

Verhalten im Gespräch

Meist werden Sie von einer Sekretärin oder Assistentin am Empfang abgeholt und zum Vorstellungsgespräch gebracht. Treten Sie auch ihr gegenüber schon freundlich auf und betreiben Sie ein wenig Smalltalk. Ein Bewerbungsgespräch dauert bei einem Praktikum selten länger als eine Stunde, normalerweise reden Sie etwa 80 Prozent dieser Zeit. Dies mag Ihnen zwar anstrengend vorkommen, doch ist es eine wertvolle Gelegenheit, die Personalverantwortlichen von sich zu überzeugen.

Begrüßen Sie Ihren Gesprächspartner mit Namen und beginnen Sie das Gespräch mit einer positiven Aussage, zum Beispiel mit einem Lob für die Architektur des Gebäudes. Dies macht einen besseren Eindruck, als wenn Sie sich über den vielen Verkehr beschweren. Falls man Ihnen etwas zu trinken anbietet, sollten Sie dieses Angebot dankend annehmen, auch wenn Sie keinen Durst haben. Alkoholische Getränke oder Zigaretten sollten Sie dagegen unbedingt ausschlagen.

> **[ ] Tipp: „Ich" selbst sein**
> Vermeiden Sie das Wörtchen „man", denn es wirkt unpersönlich. Machen Sie stattdessen deutliche „Ich"-Aussagen.

Halten Sie während des Gesprächs Blickkontakt und verstecken Sie sich nicht in Ihren Unterlagen. Wenn Ihnen mehrere Menschen gegenübersitzen, sollten Sie auch diejenigen ansehen, die nicht sehr viel zum Gespräch beitragen. Oft sind gerade diese Personen am einflussreichsten.

Antworten Sie deutlich und nicht zu leise auf die Fragen. Überlegen Sie vorher kurz und strukturieren Sie Ihre Antwort.

Natürlich kann es einmal vorkommen, dass Sie eine fachliche Frage nicht beantworten können – entweder weil Sie die Antwort wirklich nicht wissen oder weil Sie vor lauter Aufregung einen Black-out haben. Geben Sie das dann lieber zu, als zu versuchen Ihr Unwissen durch Schwafeln und Um-den-heißen-Brei-Herumreden zu vertuschen.

Mit diesen Fragen müssen Sie im Vorstellungsgespräch rechnen

- Sie haben sich sicherlich schon über unser Unternehmen informiert. Erzählen Sie uns doch einmal, was Sie über uns wissen.
- Warum haben Sie sich für Ihren Studiengang entschieden?
- Aus welchem Grund haben Sie gerade diese Hochschule gewählt?
- Würden Sie diese Wahl heute wieder treffen?
- Welche Schwerpunkte haben Sie in Ihrem Studium gesetzt und warum?
- Welche praktischen Erfahrungen haben Sie schon auf diesem Gebiet?
- Was halten Sie für Ihre größte Schwäche?
- Erzählen Sie uns doch bitte eine Situation aus Ihrem Leben, aus der Ihre Stärken hervorgehen.
- Welche Ihrer Qualifikationen sprechen dafür, dass wir die Stelle an Sie vergeben sollen?
- Warum haben Sie sich unser Unternehmen für ein Praktikum ausgesucht?
- Haben Sie sich noch auf andere Stellen beworben?
- Wo sehen Sie sich in fünf Jahren?

Einige Fragen sind im Bewerbungsgespräch nicht zulässig. Dazu gehören Fragen zu Ihrer Familienplanung oder einer Schwangerschaft, zu Religions-, Partei- oder Gewerkschaftszugehörigkeit oder zu Ihren persönlichen Vermögensverhältnissen. Stellt ein Arbeitgeber diese Fragen trotzdem, müssen Sie darauf nicht wahrheitsgemäß antworten. Doch auch hier gibt es Ausnahmen: Dürfen Sie eine bestimmte Tätigkeit wegen Ihrer Schwangerschaft nicht ausüben (zum Beispiel den Umgang mit Chemikalien), müssen Sie Ihren zukünftigen Arbeitgeber über die Schwangerschaft informieren. Auch wer sich bei einer kirchlichen Organisation oder einer Partei bewirbt, muss diese Fragen beantworten.

Grundsätzlich gilt: Vermeiden Sie negative Aussagen und Kritik an Dozenten oder den Zuständen an der Hochschule. Auch zu Klatsch und Tratsch sollten Sie sich nicht hinreißen lassen. Vermitteln Sie Ihrem Gesprächspartner stattdessen, dass Sie immer das Bestmögliche aus Ihrer Situation gemacht haben. Lassen Sie im Gespräch immer die Orientierung auf ein bestimmtes Ziel – nämlich Ihren Wunschberuf – erkennen. Zurückhaltende Bewerber sind genauso wenig gefragt wie Aufschneider. Vertreten Sie Ihre Position selbstbewusst, doch prahlen Sie nicht zu sehr mit Ihren Fähigkeiten. Der goldene Mittelweg ist hier angebracht.

Häufig stellt ein Personalchef mit Absicht unangenehme Fragen, wie zum Beispiel „2,8 im Abi? Das ist aber nicht besonders gut!" Das ist nicht unbedingt eine gezielte Abwertung, sonst hätte er Sie wohl kaum zum Gespräch eingeladen. Vielmehr will er damit testen, wie Sie mit dieser Art von Fragen umgehen und wie schnell Sie sich verunsichern lassen. Lassen Sie sich deshalb von solchen Fragen nicht aus der Ruhe bringen, sondern antworten Sie wahrheitsgemäß darauf. Wenn Sie schlagfertig sind, können Sie auch mit einer Gegenfrage kontern: „2,8 finden Sie schlecht?"

Falls Sie in Ihrem Lebenslauf angegeben haben, dass Sie fließend Englisch sprechen und diese Sprachkenntnisse für das Praktikum relevant sind, müssen Sie damit rechnen, dass Ihr Vorstellungsgespräch teilweise auf Englisch abläuft.

Gesprächsabschluss
Das Bewerbungsgespräch ist keine Einbahnstraße, denn schließlich will nicht nur das Unternehmen herausfinden, ob Sie der geeignete Bewerber sind, auch Sie wollen sich klar darüber werden, ob Sie dieses Praktikum auch wirklich wollen. Am Ende des Vorstellungsgesprächs erhalten Sie daher die Gelegenheit, selbst Fragen an den Personalverantwortlichen zu richten. Der größte Fehler ist hier, gar keine Fragen zu stellen, denn so entsteht der Eindruck, Sie seien eigentlich gar nicht an der Stelle interessiert oder können auf eine neue Situation nicht reagieren. Stellen Sie aber auch keine banalen Fragen, die bereits im Gespräch geklärt

wurden, oder Fragen nach Urlaub, Kantine oder ähnlichen Dingen, die nahelegen, Sie seien mehr an Ihrer Freizeit als am Job interessiert. Tipps für Fragen, die Sie zum Gesprächsabschluss stellen können, finden Sie im folgenden Kasten.

Mögliche Bewerberfragen

- Mit wem werde ich zusammenarbeiten?
- Warum haben Sie diese Praktikantenstelle geschaffen?
- Für welche Aufgaben werde ich zuständig sein?
- Welche Erwartungen haben Sie an einen Praktikanten?
- Wie läuft die Einarbeitungsphase ab?
- Wie sieht ein typischer Tag in meinem Praktikum aus?
- Gibt es die Möglichkeit, die Zusammenarbeit nach dem Praktikum fortzusetzen?
- Wie geht es jetzt weiter?

Falls bisher das Thema Vergütung noch nicht angesprochen wurde, ist es nun allerhöchste Zeit, dies zu tun. Sagen Sie zum Beispiel: „Wir haben bis jetzt noch gar nicht über das Finanzielle gesprochen. Mich interessiert natürlich schon, wie das Praktikum vergütet wird." Häufig wird Ihr Gesprächspartner nun den Ball an Sie zurückspielen und fragen: „Was haben Sie sich denn vorgestellt?" Bereiten Sie sich deshalb auch beim Thema Geld gut auf das Gespräch vor und informieren Sie sich darüber, was für ein Praktikum in dieser Branche üblicherweise gezahlt wird.

Nun haben Sie es schon fast überstanden. Lassen Sie aber in jedem Fall den Personalverantwortlichen das Gespräch beenden und machen Sie nicht den Fehler, gleich nachzufragen, wie Sie denn nun abgeschnitten haben. Verabschieden Sie sich von allen Ihren Gesprächspartnern.

Vorstellungsgespräche werden auch als Gruppengespräche oder Assessment Center abgehalten, doch ist dies bei Praktika eher selten der Fall.

Worauf Sie sonst noch achten sollten

Ein gutes Vorstellungsgespräch beantwortet nicht nur Ihre wichtigsten Fragen zu diesem Praktikum, sondern verrät Ihnen noch einiges mehr. So, wie Ihr zukünftiger Arbeitgeber herausfinden möchte, ob Sie in sein Unternehmen passen, merken auch Sie, ob Sie sich dort wohlfühlen werden oder nicht. Wie sieht das Büro des Vorgesetzten aus: aufgeräumt oder chaotisch? Wie ist die Stimmung der Mitarbeiter untereinander? Begegnen Ihnen die Mitarbeiter aufgeschlossen oder eher gleichgültig? Ist die Stimmung entspannt oder stehen alle unter Stress? Wie sind Ihre zukünftigen Kollegen gekleidet?

Besonders wichtig ist natürlich Ihr Aufgabenbereich als Praktikant. Wird dieser genau beschrieben oder gibt es sogar einen Praktikumsplan? Oder bleiben die Ausführungen des zukünftigen Arbeitgebers eher vage? Sie sollten in einem Vorstellungsgespräch genau erfahren, welche Aufgaben Sie im Praktikum haben und was Sie dort lernen.

Wenn's nicht gleich klappt

Leider bekommen Sie nicht immer sofort eine Zusage auf Ihre Bewerbung – ganz im Gegenteil: In vielen Bereichen sind Praktika heiß umkämpft und Sie werden vermutlich erst einmal einige Absagen einstecken müssen, bevor Sie eine Einladung zum Vorstellungsgespräch und dann auch noch einen Praktikumsplatz bekommen. Besonders das erste Praktikum ist erfahrungsgemäß sehr schwer zu finden, denn die meisten Unternehmen bevorzugen Bewerber, die schon ein bisschen Erfahrung mitbringen. Natürlich ist dies immer eine Enttäuschung, und wenn sich die Absagen häufen, kann dies Ihrem Ego einen kleinen Stoß versetzen.

Bei einer telefonischen Absage haben Sie immerhin die Gelegenheit, nach den Gründen zu fragen. Auch bei einer schriftlichen Absage können Sie noch einmal nachhaken und beim Unternehmen fragen, warum es nicht geklappt hat. Bleiben Sie dabei aber sachlich und freundlich, auch wenn Ihnen der Sinn eher nach Beschimpfungen steht. Wer weiß, vielleicht wollen Sie es ja später noch einmal bei dieser Firma versuchen?

Analysieren Sie also Ihre Fehler: Waren vielleicht Ihre Bewerbungsunterlagen oder Ihr Verhalten im Vorstellungsgespräch schuld? In einem solchen Fall kann es helfen, die Bewerbungssituation noch einmal mit einem ehrlichen Freund durchzuspielen. Vielleicht hat aber auch einfach die berühmte „Chemie" nicht gestimmt – in einem solchen Fall bleibt einem nichts anderes übrig, als die Entscheidung der Firma zu akzeptieren.

Auch wenn es schwerfällt: Lassen Sie sich von einer Absage nicht entmutigen! Sie sagt überhaupt nichts über den Wert Ihrer Person aus. Vielleicht haben Sie den Personalverantwortlichen einfach nur auf dem falschen Fuß erwischt. Verbeißen Sie sich nicht zu sehr in den Bewerbungsvorgang, sondern tun Sie sich zwischendurch auch einmal etwas Gutes. Ein Kinobesuch oder ein netter Abend mit Freunden wird Sie auf andere Gedanken bringen und Sie werden garantiert viele aufmunternde Worte zu hören bekommen. Wenn die Absagen Ihrem Selbstbewusstsein wirklich gewaltig zusetzen, ist es ratsam, das Praktikum um ein Semester zu verschieben, wenn Sie es sich leisten können. Denn wer schon mutlos bei einem Unternehmen anruft oder mit der Einstellung „wird ja sowieso wieder nichts" in ein Vorstellungsgespräch geht, vermittelt nicht das nötige Interesse an der Stelle. Nach einer kleinen Pause können Sie sich dann wieder frisch motiviert an die Arbeit machen!

7
Das gehört zu einem guten Praktikum

Ein Praktikum sollte Ihnen weit mehr bringen als nur einen Firmennamen, den Sie in Ihrem Lebenslauf aufführen können. In erster Linie sollten Sie etwas lernen, das Sie auf dem Weg zum Traumjob einen Schritt weiterbringt. Zu einem guten Praktikum gehören ein schriftlicher Praktikumsvertrag und eine Betreuung. Worauf Sie dabei achten müssen und welche Rechte und Pflichten Sie als Praktikant haben, erfahren Sie in diesem Kapitel.

> **Beispiel**
>
> Michael macht ein Praktikum in der Marketing-Abteilung eines Telekommunikationsanbieters. An seinem ersten Arbeitstag begrüßt ihn sein Betreuer und zeigt ihm seinen Arbeitsplatz. Eine eigene E-Mail-Adresse ist schon für ihn eingerichtet. Dann führt ihn der Betreuer durch die Abteilung, stellt ihm die Kollegen vor und erklärt ihm seinen Aufgabenbereich und wichtige Arbeitsabläufe. Anschließend erhält Michael eine erste kleine Aufgabe.
>
> Als Jana sich an ihrem ersten Arbeitstag bei ihrem Betreuer melden will, findet sie an dessen Tür nur einen Zettel vor: „Ich bin vom 1.8. bis 20.8 im Urlaub. Meine Vertretung ist Herr X." Sie sucht das Büro von Herrn X., doch der schaut erst mal verdutzt: „Ach ja, die Praktikantin. Wo setzen wir Sie denn jetzt hin? Oh, die Frau Huber ist im Urlaub, dann nehmen Sie mal dort Platz. Hat man Ihnen gesagt, was Sie bei uns tun sollen?" Niemand will sich für Jana zuständig fühlen und so verbringt sie ihren ersten Tag im Praktikum erst einmal damit, den Katalog des Versandhauses zu studieren, „damit Sie unsere Produkte auch kennen". Doch das hat sie eigentlich schon zu Hause getan ...

Der Praktikumsvertrag

Nicht immer bekommen Sie von Ihrem Unternehmen auch einen schriftlichen Praktikumsvertrag, denn ein Arbeitsvertrag entsteht bereits durch die mündliche Annahme des Angebotes durch den Studierenden. Gerade bei kleineren Firmen oder bei unbezahlten Praktika bleibt Ihnen häufig nichts anderes übrig, als sich auf mündliche Absprachen zu verlassen. Bei geregelten Pflichtpraktika, bezahlten Praktika, längeren Praktika (ab drei Monaten) sowie bei großen Unternehmen und in der öffentlichen Verwaltung sind in der Regel schriftliche Verträge üblich. Das Gesetz ist hier übrigens auf Ihrer Seite: Wenn Sie länger als einen Monat bei einem Unternehmen beschäftigt sind, steht Ihnen gemäß § 2 Nachweisgesetz ein schriftlicher Arbeitsvertrag zu, den Sie auch einfordern sollten. Die inhaltlichen Bestandteile eines solchen Arbeitsvertrags werden in § 2 Nachweisgesetz genannt. Besonders wichtig ist ein schriftlicher Vertrag, wenn Ihre Studienordnung diesen als Nachweis für das Praktikum verlangt. Sie können sich dann im Gespräch mit dem Betreuer oder Personalleiter auf die Hochschule berufen.

Aus einem schriftlichen Praktikumsvertrag sollte immer erkennbar sein, dass es sich um ein Ausbildungsverhältnis handelt. Außerdem sollte der Vertrag die folgenden Punkte enthalten:

- Angaben zur Person der Vertragspartner,
- Dauer das Praktikums: Eintritts- und Austrittsdatum, tägliche Arbeitszeit, Probezeit,
- Leistungen des Arbeitgebers: Einhalten der Praktikumsordnung, Betreuung, Ausstellen von Zeugnissen und Tätigkeitsnachweisen,
- Lernziele des Praktikanten,
- Leistungen des Praktikanten: erwartete Aufgaben und Einsatzgebiete, Schweigepflicht, Unterstellungs- und Einbindungsverhältnisse, Berichtspflicht, Informationspflicht bei Abwesenheit,
- Sonstiges: Bezahlung, Überstundenregelung, Kündigungsfristen, Urlaub, Unfallschutz,
- Unterschriften.

Diese Punkte sollten in einem Praktikumsvertrag auf alle Fälle schriftlich fixiert werden, darüber hinaus sollten Sie von vornherein noch einige weitere Punkte klären.

Checkliste: Weitere wichtige Absprachen

- Gibt es eine Einarbeitungszeit?
- Welche Aufgaben werden Sie übernehmen?
- Wo ist Ihr Arbeitsplatz?
- Bei wem melden Sie sich am ersten Arbeitstag?
- Wer ist Ihr Betreuer im Praktikum?
- Wem sind Sie unterstellt?
- Inwieweit erhalten Sie Einblick in Interna? Dürfen Sie zum Beispiel an Besprechungen teilnehmen?
- Erhalten Sie Aufwandsentschädigungen, etwa Fahrtkosten?
- Bekommen Sie ein Zeugnis und in welcher Form?
- Müssen Sie einen Abschlussbericht verfassen?

Diese Dinge müssen nicht im Praktikumsvertrag festgehalten werden, Sie sollten sie jedoch klären, wenn Sie die Praktikumszusage erhalten.

Bei Studiengängen mit einem Pflichtpraktikum hilft Ihnen bei der Vertragserstellung häufig die Hochschule. Sie können dort Richtlinien und Musterverträge einsehen und diese mit der Personalabteilung des Unternehmens besprechen. Besonders mittelständische Unternehmen greifen gern auf die Musterverträge von Hochschulen zurück, während Großunternehmen in der Regel eigene Hausverträge haben. Prüfen Sie genau, ob Ihnen dieser Vertrag zusagt und ob er den Praktikantenrichtlinien Ihrer Hochschule entspricht.

Ein Praktikumsvertrag hat neben der rechtlichen Absicherung noch einen weiteren Vorteil: Er belegt den Ausbildungscharakter Ihres Praktikums auch nach außen hin. Dies kann wichtig sein, wenn Sie eigentlich den Job eines festen Mitarbeiters erledigen und eine angemessene Vergütung dafür erhalten wollen.

Rechte und Pflichten im Praktikum

Praktikanten haben wie andere Arbeitnehmer auch bestimmte Rechte, aber auch Pflichten. Allerdings können diese Rechte und

Pflichten je nach Praktikumsart unterschiedlich sein. Wichtig ist hier vor allem eines: Informieren Sie sich vor dem Beginn eines Praktikums – am besten noch, bevor Sie den Praktikumsvertrag unterzeichnen – über Ihre Rechte. Denn viele Unternehmen nützen die Unwissenheit der Praktikanten aus und verweigern ihnen zum Beispiel freie Tage, obwohl auch Praktikanten ein Recht auf Urlaub haben.

Rechtliche Grundlage: das Bundesbildungsgesetz (BBiG)

Zuständig für Praktikanten ist das Bundesbildungsgesetz (BBiG), denn im § 26 heißt es: „Soweit nicht ein Arbeitsverhältnis vereinbart ist, gelten für Personen, die eingestellt werden, um berufliche Kenntnisse, Fertigkeiten oder Erfahrungen zu erwerben, ohne dass es sich um eine Berufsbildung im Sinne des Gesetzes handelt, die §§ 10 bis 23 und 25 (...)" Außerdem gelten für Praktikanten auch die regulären Arbeitnehmerschutzgesetze wie das Arbeitszeitgesetz und das Bundesurlaubsgesetz.

Eine Ausnahme sind hier Pflichtpraktika, die in der Studienordnung vorgeschrieben sind. Hier legt die Praktikantenrichtlinie der Hochschule die Rechte und Pflichten der Praktikanten fest. Bei diesen Praktika haben die Praktikanten in der Regel keinen Anspruch auf Urlaub oder Vergütung, doch die allgemeinen Gesetze zu Arbeits- und Ruhezeiten gelten für Pflichtpraktika ebenfalls.

Arbeitszeitenregelungen

Für Praktikanten gelten dieselben Regelungen für Arbeitszeiten und Urlaub wie für alle anderen Arbeitnehmer auch. So sollte ein Praktikant nicht mehr als acht Stunden pro Tag arbeiten, anfallende Überstunden sollten in den folgenden Tagen oder Wochen durch Freizeit ausgeglichen werden können. Diese Regelungen zu Arbeitszeiten, Überstunden und Urlaub sollten im Praktikumsvertrag festgehalten werden.

Im § 3 des Arbeitszeitgesetzes (ArbZG) heißt es: „Die werktägliche Arbeitszeit der Arbeitnehmer darf acht Stunden nicht überschreiten. Sie kann auf bis zu zehn Stunden nur verlängert werden, wenn innerhalb von sechs Kalendermonaten oder innerhalb von 24 Wochen im Durchschnitt acht Stunden werktäglich nicht überschritten werden." Das bedeutet: Überstunden dürfen zwar gemacht werden, müssen aber durch Freizeit ausgeglichen werden – Sie dürfen also zum Beispiel an einem anderen Tag früher gehen oder auch einmal einen ganzen Tag zu Hause bleiben, falls sich genug Überstunden angesammelt haben. Permanente Überstunden sind damit nicht zulässig.

Auch die Ruhepausen sind im ArbZG geregelt. In § 4 heißt es: „Die Arbeit ist durch im Voraus feststehende Ruhepausen von mindestens 30 Minuten bei einer Arbeitszeit von mehr als sechs bis zu neun Stunden und 45 Minuten bei einer Arbeitszeit von mehr als neun Stunden insgesamt zu unterbrechen. Die Ruhepausen nach Satz 1 können in Zeitabschnitte von jeweils mindestens 15 Minuten aufgeteilt werden. Länger als sechs Stunden hintereinander dürfen Arbeitnehmer nicht ohne Ruhepause beschäftigt werden." Zusätzlich haben Sie nach dem Ende Ihrer täglichen Arbeitszeit Anspruch auf eine ununterbrochene Ruhezeit von elf Stunden.

Urlaub

Viele Praktikanten wissen nicht, dass das Bundesurlaubsgesetz (BUrlG) auch für sie gilt, und viele Arbeitnehmer nutzen dies aus und enthalten Praktikanten ihren Urlaub vor. Laut § 3 Abs. 1 Bundesurlaubsgesetz beträgt der Urlaub jährlich mindestens 24 Werktage, wobei das Gesetz in Abs. 2 von einer 6-Tage-Woche ausgeht. Dort wird geregelt, dass als Werktage alle Kalendertage gelten, die nicht Sonn- oder gesetzliche Feiertage sind. Wird bei einem Arbeitgeber hingegen in einer 5-Tage-Woche gearbeitet, verringert sich der gesetzliche Mindesturlaub auf 20 Werktage. Zusätzlich gibt es Tarifverträge, die ebenfalls die Urlaubsansprüche festsetzen, sodass viele Arbeitnehmer mehr als 24 Tage Urlaub haben.

Den vollen Anspruch auf mindestens 24 Tage Urlaub erwerben Sie jedoch erst, wenn Sie sechs Monate bei Ihrem Arbeitgeber gearbeitet haben – was im Falle eines Praktikums in der Regel nicht der Fall sein dürfte. Doch Ihnen steht anteilsmäßig Urlaub zu, und zwar mindestens zwei Tage für jeden vollen Kalendermonat. Bei einem dreimonatigen Praktikum vom 1. August bis 31. Oktober stehen Ihnen also mindestens sechs Urlaubstage zu.

Wenn Ihr Arbeitgeber Ihnen keinen Urlaub gewährt, können Sie nicht einfach so aussteigen. Sie können aber das Praktikum früher beenden, so zum Beispiel durch eine Eigenkündigung. Von einem unberechtigten Fernbleiben von der Arbeit bzw. einer Arbeitsverweigerung ist abzuraten, das kann negative arbeitsrechtliche Konsequenzen bis hin zur (fristlosen) Kündigung durch den Arbeitgeber haben. Auch eine Selbstbeurlaubung durch den Praktikanten ist nicht statthaft. Sie kann ebenfalls negative Konsequenzen nach sich ziehen und zur fristlosen Kündigung führen.

Pflichtpraktika, die in der Studienordnung vorgeschrieben sind, stellen eine Ausnahme hinsichtlich Urlaubsansprüchen dar. Da sie als Teil der Hochschulausbildung gelten, haben Sie hier keinen Anspruch auf Urlaub.

Vergütung

In § 17 Abs. 2 des Bundesbildungsgesetzes heißt es „Ausbildende haben Auszubildenden eine angemessene Vergütung zu gewähren" – das gilt auch für Praktikanten. Doch was bedeutet eine „angemessene Vergütung"? Anders als für die betriebliche Ausbildung gibt es hier keinerlei Richtlinien. Es wird oft ein Unterschied gemacht zwischen Praktikanten, die noch im Studium stecken, und Praktikanten, die ihre Hochschulausbildung bereits abgeschlossen haben. Bei Praktika während des Studiums halten Experten einen Betrag von 300 bis 400 Euro pro Monat für angemessen. Praktikanten, die bereits mit dem Studium fertig sind, zeigen meist recht schnell eine gute Arbeitsleistung, da es sich oft auch nicht um ihr erstes Praktikum handelt. Hier gilt eine Vergütung von rund 800 Euro brutto pro Monat als angemessen, die in der Realität jedoch leider oft nicht erreicht wird. Ersetzen Sie als Praktikant einen „normalen" Arbeitnehmer, steht Ihnen die marktübliche Vergütung zu, die Sie im Notfall auch einklagen können.

Auch hier bilden die Pflichtpraktika wieder eine Ausnahme. Eine Bezahlung ist bei diesen Praktika in der Regel nicht vorgesehen.

Kündigungsfristen

Manchmal entwickelt sich ein Praktikum leider so, dass es keinerlei Nutzen bringt – dann werden Sie es vielleicht abbrechen wollen. Oder Sie haben Glück: Ihnen wird in einem anderen Unternehmen eine feste Stelle angeboten und Sie wollen Ihr aktuelles Praktikum deshalb vorzeitig beenden.

Natürlich können Sie einen Praktikumsvertrag auch vorzeitig kündigen, müssen sich dabei jedoch an die im Vertrag vereinbarten Kündigungsfristen halten. Sind in Ihrem Vertrag keine Kündigungsfristen festgehalten, so gilt nach § 22 BBiG bzw. § 622 BGB eine Frist von vier Wochen bis zum 15. eines Monats oder bis zum Monatsende. In der Probezeit sind dagegen sehr viel kürzere Kündigungsfristen möglich. Unter Umständen können Sie (aber auch Ihr Arbeitgeber) hier von einem Tag auf den anderen kündigen.

> **Beispiel**
> Tobias macht ein sechsmonatiges Praktikum bei einer Tageszeitung. Am 17. Februar bekommt er plötzlich die Zusage für ein Volontariat bei einer Fachzeitschrift, bei der er sich beworben hat. Da ein anderer Volontär abgesprungen ist, könnte er zum nächsten Monatsanfang beginnen. Ist das möglich? Nein, denn Tobias kann erst zum 31. März kündigen.

Die meisten Arbeitgeber werden Ihnen – vor allem wenn Sie eine feste Stelle in Aussicht haben – keinen Stein in den Weg legen, wenn Sie Ihr Praktikum vorzeitig beenden wollen. Suchen Sie daher das Gespräch, wenn es mit der Kündigungsfrist nicht klappt. Im schlimmsten Fall gehen Sie eben ohne das Einverständnis Ihrer Praktikumsfirma. Da Sie als Praktikant ja eigentlich nur zur Unterstützung da sein sollten, kann Ihr Arbeitgeber kaum geltend machen, dass ihm durch Ihren verfrühten Abgang ein wirtschaftlicher Schaden entstanden ist. Allerdings müssen Sie dann damit rechnen, dass Ihr eigenmächtiger Abgang auch in Ihrem Praktikumszeugnis erwähnt wird.

Fahrtkostenerstattung

Eine Fahrt zu einem Vorstellungsgespräch kann mit hohen Kosten verbunden sein – vor allem wenn Sie sich um ein Praktikum in einer anderen Stadt bewerben. Eine grundsätzliche Verpflichtung eines Arbeitgebers zur Erstattung der Fahrtkosten besteht nicht, sie kann sich jedoch gemäß §§ 662 bis 676 BGB dann ergeben, wenn der Arbeitgeber einen Bewerber zu einer persönlichen Vorstellung auffordert. Ist der Arbeitgeber zu einer Kostenübernahme bereit, muss er dies rechtzeitig und unmissverständlich zum Ausdruck bringen, was er in der Regel mit der Aufforderung zur Vorstellung tun wird. Tut er dies nicht oder lehnt er sogar eine Kostenübernahme ab, müssen Sie die Kosten wohl oder übel selbst tragen. Im Falle einer Initiativbewerbung ohne entsprechende Aufforderung eines potenziellen Arbeitgebers müssen Sie die anfallenden Kosten ohnehin selbst übernehmen. Klären Sie die Sache auf jeden Fall, bevor Sie die Einladung zum Bewerbungsgespräch annehmen. Und kommen Sie Ihrem potenziellen Arbeitgeber entgegen, indem Sie die günstigste Reisemöglichkeit wählen.

Die Fahrtkosten während des Praktikums werden normalerweise nicht erstattet, trotzdem gewähren viele Arbeitgeber dafür Zuschüsse, etwa in Form einer Monatskarte.

Zeugnis

Als Praktikant haben Sie außerdem ein Recht auf ein wohlwollendes Zeugnis am Ende Ihres Praktikums. Mehr dazu erfahren Sie im Kapitel „Was am Schluss steht" ab Seite 153.

Pflichten des Praktikanten

Wer Rechte hat, hat auch Pflichten – diese Volksweisheit gilt auch für Praktikanten. Unter anderem sind Sie als Praktikant verpflichtet, den Anweisungen Ihres Vorgesetzten zu folgen und nicht auf eigene Faust zu agieren, auch wenn Sie Ihre Idee für noch so toll halten. Während der Arbeit müssen Sie die „verkehrsübliche Sorgfalt" walten lassen, Sie dürfen also nicht mit der Einstellung „Ich bin ja sowieso nur der Praktikant, mir wird schon nichts passieren" handeln. Außerdem müssen Sie über Interna, die Sie während Ihres Praktikums erfahren haben, Stillschweigen bewahren – und zwar auch nach dem Ende des Praktikums.

Ein Praktikant muss seine volle Arbeitsleistung dem Arbeitgeber zur Verfügung stellen. Das bedeutet: Üben Sie einen Nebenjob aus – zum Beispiel, um das magere Praktikumsgehalt etwas aufzubessern –, so müssen Sie Ihren Arbeitgeber darüber informieren. Tun Sie das nicht, kann das ein Kündigungsgrund sein.

Falls Sie einmal krank werden und nicht zur Arbeit kommen können, müssen Sie dies Ihrem Arbeitgeber unverzüglich mitteilen. Normalerweise brauchen Sie innerhalb der ersten drei Krankheitstage kein ärztliches Attest vorlegen, spätestens am vierten Krankheitstag muss dieses Attest dann jedoch beim Arbeitgeber eintreffen. Hier kann vertraglich auch etwas anderes vereinbart werden. Es gibt Arbeitgeber, die bereits am ersten Krankheitstag eine Krankschreibung verlangen. Halten Sie sich an die Regeln.

Versicherungspflicht
Auch als Praktikant unterliegen Sie der Versicherungspflicht. Ob Sie in Ihrem Praktikum versicherungspflichtig sind oder nicht, erfahren Sie im Kapitel „Rund ums Geld: Sozialversicherung, Finanzierung, Steuern".

Pflichten des Arbeitgebers

Natürlich hat nicht nur der Praktikant Pflichten, sondern auch sein Arbeitgeber. Welche das sind, ist in § 14 BBiG festgelegt:

„(1) Ausbildende haben

1. dafür zu sorgen, dass den Auszubildenden die berufliche Handlungsfähigkeit vermittelt wird, die zum Erreichen des Ausbildungsziels erforderlich ist, und die Berufsausbildung in einer durch ihren Zweck gebotenen Form planmäßig, zeitlich und sachlich gegliedert so durchzuführen, dass das Ausbildungsziel in der vorgesehenen Ausbildungszeit erreicht werden kann,

2. selbst auszubilden oder einen Ausbilder oder eine Ausbilderin ausdrücklich damit zu beauftragen,

3. Auszubildenden kostenlos die Ausbildungsmittel, insbesondere Werkzeuge und Werkstoffe zur Verfügung zu stellen, die zur Berufsausbildung und zum Ablegen von Zwischen- und Abschlussprüfungen, auch soweit solche nach Beendigung des Berufsausbildungsverhältnisses stattfinden, erforderlich sind,

4. Auszubildende zum Besuch der Berufsschule sowie zum Führen von schriftlichen Ausbildungsnachweisen anzuhalten, soweit solche im Rahmen der Berufsausbildung verlangt werden, und diese durchzusehen,

5. dafür zu sorgen, dass Auszubildende charakterlich gefördert sowie sittlich und körperlich nicht gefährdet werden.

(2) Auszubildenden dürfen nur Aufgaben übertragen werden, die dem Ausbildungszweck dienen und ihren körperlichen Kräften angemessen sind."

Betreuung, Arbeitsplatz & Co.

Ein gutes Praktikum zeichnet sich nicht nur dadurch aus, dass Ihre Rechte anerkannt und respektiert werden. Sie sollten außerdem einen Betreuer haben, mit dem Sie regelmäßig Rücksprache halten. Auch einen festen Arbeitsplatz und einen eigenen kleinen Aufgabenbereich sollten Sie als Praktikant bekommen.

Die Betreuung im Unternehmen

Wer für Ihre Betreuung im Unternehmen zuständig ist, werden Sie bereits vor Arbeitsantritt erfahren haben – vermutlich war Ihr Ansprechpartner auch beim Vorstellungsgespräch anwesend. Bei dieser Person melden Sie sich dann am ersten Arbeitstag. In größeren Unternehmen, die mehrere Praktikanten gleichzeitig beschäftigen, gibt es häufig einen speziellen Betreuer für Praktikanten, in kleineren Firmen übernimmt meist ein Kollege aus Ihrer Abteilung diese Aufgabe. Achten Sie darauf, dass man Ihnen eine Betreuungsperson zuteilt, die dann auch anwesend ist, und nicht etwa drei von sechs Praktikumswochen Urlaub hat.

Mit diesem Ansprechpartner halten Sie dann regelmäßig Rücksprache, am besten vereinbaren Sie einen wöchentlichen Termin, zu dem Sie sich zu einem Gespräch zusammensetzen. Vergleichen Sie dabei die ursprünglichen Ziele Ihres Praktikums mit der Realität des Arbeitsalltags: Stimmen diese noch überein oder gibt es Abweichungen? Dabei hilft es, wenn Sie sich jeden Tag Notizen über Ihre Aufgaben und Erfahrungen am Arbeitsplatz machen, die dann als Gesprächsgrundlage dienen können. Auch sonstige Dinge, die mit Ihrem Praktikum zu tun haben – wie etwa Arbeitsabläufe, die Ihnen noch nicht ganz klar sind –, können Sie bei diesen Terminen ansprechen. Bitten Sie Ihren Betreuer auch um eine ehrliche Beurteilung Ihrer Arbeit und Ihres Verhaltens. Es ist nämlich besser, frühzeitig Kritik zu hören und so noch etwas zu ändern, als am Ende von einem unangenehmen Arbeitszeugnis überrascht zu werden.

Da Sie in einem Praktikum in erster Linie etwas lernen und nicht eine „normale" Arbeitskraft ersetzen sollen, gehört es dazu, dass Sie auch einmal einen Fehler machen. Zu den Aufgaben Ihres Betreuers zählt daher auch, Ihre Arbeitsergebnisse mit Ihnen zu besprechen und Ihnen Fehler aufzuzeigen, damit Sie diese in Zukunft vermeiden können. Zusammen mit Ihrem Betreuer können Sie dann Ihre Arbeit verbessern – und genau das ist auch der Sinn eines Praktikums.

> **! Achtung**
>
> Vorsicht ist angebracht, wenn es keinen Betreuer gibt und Sie gar noch von Ihrem Vorgänger eingearbeitet werden. Sind Sie auch danach völlig auf sich allein gestellt, kann man eigentlich nicht von einem Praktikum sprechen, da niemand Ihre Lernerfolge überwacht.

Ein eigener Aufgabenbereich

Auch wenn das Ziel eines Praktikums in erster Linie ist, etwas zu lernen, so sollten Sie nach einer Einarbeitungszeit von ca. zwei Wochen trotzdem auch einige Aufgaben selbstständig bearbeiten dürfen. Doch häufig werden Praktikanten nur für Hilfsarbeiten eingesetzt oder müssen da anpacken, wo gerade Not am Mann ist. Wenn Sie keinen eigenen Aufgabenbereich bekommen, so haken Sie nach. Machen Sie deutlich, dass Sie gern Verantwortung übernehmen, und lassen Sie sich nicht mit Hilfsdiensten abspeisen. Ab und zu einmal Kaffee kochen oder kopieren ist normal, doch oft schleicht es sich ein, dass auf einmal alle Kollegen ihre unliebsamen Aufgaben auf den Praktikanten abwälzen. Klären Sie daher von Anfang an Ihren Aufgabenbereich. Dazu gehört auch, welchen Kollegen Sie zur Hand gehen sollen und welchen nicht. So haben Sie eine gute Grundlage, um unliebsame Aufgaben ablehnen zu können.

Beurteilen Sie die Situation realistisch: In einem kleinen Unternehmen, in dem alle festen Mitarbeiter mehrere Aufgaben haben, müssen auch Sie sich flexibel zeigen. Dasselbe gilt für Firmen, deren Aufträge „stoßweise" abzuarbeiten sind, oder wenn Hochsaison ist oder besondere Ereignisse wie Messen oder Präsentationen bevorstehen.

Fragen zur Klärung des Aufgabenbereichs

- Wer gehört zu meinem Team?
- Wem bin ich unterstellt?
- Was ist meine Hauptaufgabe?
- In welchen sonstigen Abteilungen muss ich helfen?
- Welche Hilfsarbeiten gehören zu meinem Aufgabenbereich?
- Wer ist sonst noch für Hilfsarbeiten zuständig?

Klären Sie diese Fragen am ersten Arbeitstag, sodass Ihr Praktikum von Anfang an reibungslos laufen kann.

Es gibt allerdings auch Dinge, gegen die Sie sich von vornherein zur Wehr setzen sollten: Dazu gehören zum Beispiel private Erledigungen für Ihre Vorgesetzten oder Reinigungsaufgaben. Es ist zwar durchaus in Ordnung, vor einer Konferenz das Besprechungszimmer aufzuräumen, doch das Büro zu putzen, nur weil die reguläre Reinigungskraft gerade Urlaub hat, ist zu viel verlangt. Machen Sie daher gleich beim ersten Versuch klar, dass Sie für solche Tätigkeiten nicht zur Verfügung stehen.

Ein eigener Arbeitsplatz

Häufig werden Praktikanten an den Platz eines Kollegen gesetzt, der gerade im Urlaub ist. Kehrt der Urlauber dann zurück, ziehen sie weiter zum nächsten Platz. Doch kontinuierliches Arbeiten ist so nur schwer möglich.

Ein eigener Arbeitsplatz und eine eigene E-Mail-Adresse sollten daher fest zu einem Praktikum gehören. Falls es nicht automatisch geschieht, so bitten Sie Ihren Betreuer darum, Ihnen eine E-Mail-Adresse einrichten zu lassen. Ausnahme: Es gibt mittlerweile einige Unternehmen, die flexible Arbeitsplätze eingerichtet haben, das heißt, jeder Arbeitnehmer ist mit einem Container ausgestattet, den er von einem Arbeitsplatz zum anderen mitnimmt.

8
Rund ums Geld: Sozialversicherung, Finanzierung, Steuern

Eine große Frage ist noch unbeantwortet: Wovon leben Sie während Ihres Praktikums? Sind auf Ihr meist mageres Praktikumsgehalt Sozialversicherungsabgaben fällig? Und Steuern auch noch? Alles rund um die Finanzen im Praktikum erfahren Sie in diesem Kapitel.

> **Beispiel**
> Johanna studiert im vierten Semester Medien und Kommunikation und verdient in ihrem Praktikum in einer Werbeagentur 380 Euro pro Monat. Sie ist als Minijobberin gemeldet und muss daher keine Steuern zahlen. In der Krankenversicherung ist sie noch bei ihren Eltern mitversichert. Jan hat sein Studium schon beendet und macht ein Praktikum bei einem TV-Sender. Er verdient 500 Euro im Monat und muss dieses Gehalt auch versteuern. Da er nicht mehr an seiner Universität immatrikuliert ist, ist er voll sozialversicherungspflichtig und muss von seinem Gehalt Beiträge zur Kranken-, Pflege-, Renten- und Arbeitslosenversicherung abführen.

Sozialversicherungspflicht

Wie und in welcher Form Sie sozialversicherungspflichtig werden, hängt nicht nur vom Verdienst ab, sondern auch davon ob Sie ein freiwilliges Praktikum oder ein Pflichtpraktikum machen. Auch ob Sie während des Praktikums immatrikuliert sind, spielt eine Rolle. Am besten sind Sie dran, wenn Sie das Praktikum während des Studiums absolvieren. Bleiben Sie – falls möglich – also lieber noch ein Semester länger eingeschrieben, wenn Sie nach Studienabschluss noch ein Praktikum absolvieren wollen. Nur so bleiben Sie weiterhin Angehöriger der Hochschule mit allen Rechten und Pflichten und haben außerdem weiterhin Anspruch auf BAföG-Leistungen, sofern Sie die Förderungshöchstdauer noch nicht überschritten haben. Beachten Sie aber, dass eventuell noch Studiengebühren anfallen. Auf ein Vorpraktikum treffen diese Möglichkeiten natürlich nicht zu. Generell empfiehlt es sich, die Versicherungslage vor Beginn eines Praktikums mit der jeweiligen Krankenkasse durchzusprechen.

Krankenversicherung

Ein Student, dessen beide Eltern gesetzlich krankenversichert sind, ist bis zu seinem 25. Lebensjahr (plus Wehr-/Zivildienst) kostenlos bei ihnen mitversichert. Voraussetzung ist allerdings, dass der Student nicht mehr als 375 Euro bzw. bei einem ausgewiesenen Minijob 400 Euro pro Monat verdient. Sind Sie älter als 25 oder verdienen Sie über dieser Einkommensgrenze, so müssen Sie sich selbst versichern. Dafür haben die gesetzlichen Krankenversicherungen spezielle Studententarife eingeführt. Diese betragen derzeit 64,77 Euro pro Monat für die Krankenversicherung und 11,64 Euro für die Pflegeversicherung. Kinderlose über 23 Jahre zahlen 13,12 Euro im Monat für die Pflegeversicherung. Ab dem 15. Semester oder nach dem 30. Geburtstag fallen diese Sondertarife weg.

Auch private Krankenkassen haben Sondertarife für Studenten, die meist zwischen 70 und 100 Euro liegen. Die Leistungen der privaten Krankenkassen sind oft deutlich besser, doch müssen Rechnungen erst einmal selbst bezahlt werden, bevor die Krankenkasse die Kosten erstattet. Dies kann für Studenten manchmal schwierig sein. Auch steigen die Beiträge für private Krankenkassen mit dem Alter deutlich an.

> **! Achtung: die 20-Stunden-Regel**
>
> Damit Sie den Studententarif der Krankenversicherungen nutzen können, muss der Schwerpunkt Ihrer Tätigkeit auf dem Studium liegen. Daher darf ein Student nicht mehr als 20 Stunden pro Woche arbeiten. Diese Stundenzahl darf nur überschritten werden, wenn die Berufstätigkeit hauptsächlich abends und am Wochenende stattfindet. Auch in den Semesterferien dürfen Sie mehr als 20 Stunden pro Woche arbeiten, wenn der Job auf 50 Arbeitstage oder zwei Monate befristet ist. Doch auch hier gibt es wieder einen Sonderfall: Bei mehreren befristeten Tätigkeiten hintereinander verlieren Sie Ihren versicherungsrechtlichen Studentenstatus, wenn Sie insgesamt mehr als 26 Wochen arbeiten.

Versicherungspflicht im Pflichtpraktikum

Wer vor Beginn des Studiums oder nach dem Examen ein Praktikum absolviert, das in der Studien- oder Prüfungsordnung vorgeschrieben ist, ist sozialversicherungspflichtig, und zwar in der Kranken-, Pflege-, Arbeitslosen- und Rentenversicherung.

Bei einem bezahlten Vor- oder Nachpraktikum werden Praktikanten in der Kranken- und Pflegeversicherung wie betriebliche Auszubildende behandelt. Ist der Praktikant noch bei seiner Familie mitversichert, so hat diese Versicherung Vorrang, vorausgesetzt die Einkünfte des Praktikanten übersteigen die Grenze von 375 bzw. 400 Euro im Monat nicht. Auch in der Arbeitslosen- und Rentenversicherung besteht Versicherungspflicht. Bis 375 bzw. 400 Euro monatlich trägt diese der Arbeitgeber allein.

Bei einem unbezahlten Vor- oder Nachpraktikum wird die Kranken- und Pflegeversicherung ähnlich wie bei der Krankenversicherung für Studierende geregelt. Bei der Arbeitslosen- und Rentenversicherung zahlt der Arbeitgeber einen geringen Pauschalbeitrag.

Bei einem Zwischenpraktikum, welches Pflicht ist – egal, ob es sich um ein studienbegleitendes Praktikum, ein Praktikum in den Semesterferien oder ein Praxissemester handelt – sind Sie weiterhin an Ihrer Hochschule eingeschrieben. Sie haben also den Status eines Studenten. Bei Zwischenpraktika besteht keine Versicherungspflicht als Arbeitnehmer in der Kranken-, Pflege- und Arbeitslosenversicherung. Sie müssen jedoch weiterhin in der Kranken- und Pflegeversicherung der Studenten versichert oder bei Ihren Eltern mitversichert sein. Beiträge zur Rentenversicherung sind in einem Pflichtpraktikum dagegen nicht fällig. Dies gilt unabhängig von der Höhe der Vergütung, der Dauer und der wöchentlichen Arbeitszeit.

Versicherungspflicht bei freiwilligen Praktika

Ein Vor- oder Nachpraktikum, das nicht in der Studienordnung vorgeschrieben ist, wird als normales Arbeitsverhältnis behandelt. Für diese Praktikanten gelten daher die allgemeinen Vorschriften über die Versicherungspflicht bzw. Versicherungsfreiheit von Arbeitnehmern bzw. geringfügigen Beschäftigungen. Falls Sie nicht mehr bei Ihren Eltern mitversichert sind, müssen Sie sich im Falle eines 400-Euro-Jobs selbst um Ihre Krankenversicherung kümmern, zum Beispiel durch eine freiwillige Versicherung bei einer gesetzlichen Krankenkasse.

Führen Sie ein freiwilliges Praktikum **während des Studiums** durch, so sind Sie rentenversicherungspflichtig. Liegt Ihr Verdienst unter 400 Euro im Monat (Minijob, siehe auch Seite 138), so führt Ihr Arbeitgeber einen pauschalen Beitrag von 15 Prozent an die Minijobzentrale ab. Liegt Ihr Verdienst zwischen 400,01 und 800,00 Euro, so werden noch nicht die vollen Beiträge von 19,9 Prozent fällig, sondern ein reduzierter Beitrag. Bei einem unbezahlten Praktikum entrichtet nur Ihr Arbeitgeber Beiträge zur Rentenversicherung. Eine **Ausnahme** bilden Praktika, die kürzer als zwei Monate sind: Sie sind auch in der Rentenversicherung versicherungsfrei.

Ansonsten bleiben Sie auch während eines freiwilligen Praktikums in Ihrer studentischen Kranken- und Pflegeversicherung. Beiträge zur Arbeitslosenversicherung müssen Sie jedoch nicht entrichten. Hier gilt allerdings die 20-Stunden-Regel (siehe Seite 127). Sind Sie aufgrund dieser Regelung nicht mehr als Student, sondern als Arbeitnehmer einzustufen, können Sie versicherungspflichtig in der Kranken-, Pflege- und Arbeitslosenversicherung werden.

Unfallversicherung
Laut Sozialgesetzbuch IV § 7 Abs. 2 und Sozialgesetzbuch VII § 2 Abs. 1 sind Sie als Praktikant in der gesetzlichen Unfallversicherung Ihres Arbeitgebers versichert. Beiträge zur gesetzlichen Unfallversicherung zahlt dabei nur Ihr Arbeitgeber. Versichert ist auch der Weg in die Arbeit, allerdings nur der direkte. Wenn Sie auf dem Heimweg kurz an der Uni vorbeifahren und dabei vom Fahrrad stürzen, greift die Unfallversicherung des Arbeitgebers nicht.

Lohnfortzahlung im Krankheitsfall

Auch als Praktikant steht Ihnen eine Lohnfortzahlung zu, falls Sie einmal wegen Krankheit ausfallen sollten. Eine Regelung, dass Krankheitstage am Ende des Praktikums nachgeholt werden müssen, ist unzulässig.

Kindergeld

Eltern erhalten für volljährige Kinder weiterhin Kindergeld, wenn sich das Kind in der Ausbildung befindet. Dies gilt bis zum 25. Lebensjahr plus Wehr-/Zivildienst. Bis zum Jahr 2012 gab es eine strenge Einkommensgrenze für Studierende. Wenn ein Kind in den Monaten der Kindergeldbefreiung einschließlich Zuschussanteil des BAföG mehr als 8.004 Euro pro Jahr verdiente, verloren die Eltern ihren Anspruch auf Kindergeld. Im Rahmen des Steuervereinfachungsgesetzes entfiel diese Einkommensgrenze. Seit dem 1.1.2012 erhalten Eltern für das erste und zweite Kind je 184 Euro pro Monat Kindergeld, für das dritte Kind 190 Euro und für das vierte und jedes weitere Kind 215 Euro.

Absolvieren Sie das Praktikum während des Studiums, erhalten Ihre Eltern also weiterhin Kindergeld. Haben Sie Ihr Studium bereits beendet, fällt das Kindergeld weg. Zwischen zwei Ausbildungsabschnitten – also zum Beispiel zwischen Abitur und Studium – wird das Kindergeld weitergezahlt, wenn die Übergangsphase nicht länger als vier Monate dauert. Absolvieren Sie in dieser Zeit ein Vorpraktikum, so erhalten Ihre Eltern weiterhin Kindergeld. Wenn Sie aber für ein Jahr zum Work & Travel nach Australien gehen, fällt das Kindergeld weg.

Haben die Eltern Anspruch auf Kindergeld, so erhalten sie zusätzlich einen Ausbildungsfreibetrag von 924 Euro – aber nur, wenn Sie nicht mehr zu Hause leben.

Die Bezahlung

Optimal ist natürlich ein Praktikum, bei dem Sie auch noch etwas Geld verdienen, doch ist dies in der Realität leider die Ausnahme. Gerade in beliebten Branchen wie den Medien können sich die Unternehmen vor Bewerbern nicht retten und müssen Praktikanten nicht auch noch mit Geld anlocken. In dieser Branche liegt der Durchschnittslohn für ein Praktikum bei etwa 380 Euro brutto im Monat. Auch bei gemeinnützigen Einrichtungen springt häufig nicht viel Geld heraus.

Grundsätzlich nicht bezahlt werden Schülerpraktika, denn in den zwei bis drei Wochen Dauer können Praktikanten noch keine vergütungswerte Arbeit leisten. Auch viele öffentliche und öffentlich-rechtliche Arbeitgeber, wie zum Beispiel Rundfunkanstalten und Ministerien, zahlen Praktikanten nichts.

> **Praktikantengehälter**
>
> Das Magazin *Jobguide Praktikum* hat im Jahr 2007 eine ausführliche Recherche über Praktikantengehälter durchgeführt. Demnach verdienen Praktikanten im Grundstudium durchschnittlich rund 467 Euro pro Monat, im Hauptstudium 589 Euro. Am besten zahlen dabei die Unternehmens-, Rechts- und Steuerberatungen, gefolgt von der Telekommunikations- und Internetbranche. Das Schlusslicht bilden Medienhäuser und die Werbe- und Kommunikationsbranche.

Allgemein gültige Richtlinien für die Bezahlung von Praktikanten gibt es nicht. Die DGB-Jugend fordert für ein faires Praktikum eine Bezahlung von mindestens 300 Euro pro Monat, Hochschulabsolventen sollten mindestens 8,50 Euro pro Stunde erhalten. In der Regel ist die Vergütung jedoch Sache der einzelnen Unternehmen und diese haben dabei feste Praktikantensätze. Verhandlungsspielraum gibt es dabei nur selten. Trotzdem kann es sein, dass Sie im Vorstellungsgespräch gefragt werden, welche Vergütung Sie sich vorstellen. Sagen Sie dann bitte nicht: „Keine Ahnung" oder „Ich bin ja hier, um etwas zu lernen." Informieren Sie sich vorher, was in der Branche üblich ist, und begründen Sie Ihren Gehaltswunsch, zum Beispiel: „Wie Sie in meinen Bewerbungsunterlagen sehen, habe ich bereits ein Praktikum in einer Presseabteilung gemacht. Mit dem Schreiben von Pressemeldungen bin ich also vertraut. Deshalb werden Sie vermutlich weniger Zeit für meine Einarbeitung brauchen."

Bedenken Sie bei Ihren Verhandlungen auch den Standpunkt der Firmen: Ein Praktikant macht viel Arbeit, denn er muss eingearbeitet und betreut werden, ist aber dennoch keine vollwertige Arbeitskraft und häufig nur für kurze Zeit beschäftigt, sodass er der Firma nicht viel einbringt. Andererseits sind jedoch die Einkommensverhältnisse von Studenten in der Regel nicht gerade rosig und eine Bezahlung dient dem Praktikanten zugleich auch als Motivation, sich wirklich von der allerbesten Seite zu zeigen. Auf jeden Fall sollte Ihnen das Unternehmen jedoch anfallende Kosten wie zum Beispiel Fahrtkosten erstatten.

> **! Achtung**
>
> Machen Sie nicht den Fehler und schielen Sie ausschließlich auf das Geld. Keinesfalls sollten Sie sich nur wegen der Bezahlung für ein Praktikumsangebot entscheiden. Wenn Sie ein unbezahltes Praktikum absolvieren können, das Sie beruflich einen großen Schritt voranbringt, sollten Sie dies in jedem Fall bevorzugen. Arbeitserfahrung ist nämlich häufig unbezahlbar. In den nächsten Ferien können Sie dann wieder jobben und so das Loch in Ihrem Geldbeutel stopfen.

Wenn Sie außerordentliche Qualifikationen mitbringen oder weitgehend selbstständig arbeiten, können Sie versuchen, bei der Gehaltsverhandlung zu pokern und so vielleicht ein bisschen mehr herausschlagen. Andererseits können Sie bei einem schlecht bezahlten oder unbezahlten Praktikum reduzierte Arbeitszeiten fordern, sodass Sie noch Zeit haben, Ihren Lebensunterhalt zu verdienen. Sie müssen nicht unbedingt an fünf Tagen in der Woche im Unternehmen sein, um erfolgreich ein Praktikum zu absolvieren.

Übrigens: Auch wenn die Bezahlung für ein Praktikum ungewöhnlich gut ist, sollten Sie misstrauisch werden. Manche Multimediaunternehmen zahlen zum Beispiel Praktikanten in den Bereichen Design, Marketing oder Programmierung schon einmal 1.500 Euro pro Monat. Für ein Praktikum ist das toll, doch in der Realität besetzen diese Praktikanten oft reguläre Arbeitsplätze – und dafür kommt Ihr Arbeitgeber wiederum ganz schön billig weg.

Tipp: Boni verhandeln

Falls es bei der Praktikumsvergütung keinen Spielraum zu geben scheint, können Sie versuchen, andere Zusatzleistungen zu vereinbaren, zum Beispiel eine Monatskarte für den Nahverkehr oder Rabatte auf Produkte, die das Unternehmen herstellt. Dies kommt den Arbeitgeber billiger als eine höhere Vergütung, da hier keine Lohnnebenkosten anfallen.

BAföG und Praktikum

Wenn Sie BAföG erhalten, kann das durch ein Praktikum beeinflusst werden, je nachdem, um welche Art Praktikum es sich handelt.

Während eines Pflichtpraktikums, das in der Studienordnung vorgeschrieben ist, wird weiter regulär BAföG gezahlt. Auch wer vor Studienbeginn ein Praktikum absolviert, das Voraussetzung für die Zulassung zum Studium ist, kann einen Anspruch auf BAföG haben.

Was wird auf das BAföG angerechnet?

BAföG-Empfänger müssen allerdings beim Jobben aufpassen – und auch im Praktikum: Wer BAföG erhält, darf in einem Bewilligungszeitraum von zwölf Monaten 4.880 Euro brutto dazuverdienen. Dabei spielt es keine Rolle, in welchem Zeitraum Sie dieses Geld verdienen: in einem Monat oder übers ganze Jahr verteilt. Ein 400-Euro-Job wird also nicht auf Ihr BAföG angerechnet. Aber Achtung: Der Bewilligungszeitraum von zwölf Monaten ist nicht identisch mit einem Kalenderjahr. Er beginnt mit dem Monat der Antragsstellung, läuft also zum Beispiel vom 1. Oktober 2012 bis 30. September 2013.

Noch strenger sind die Regeln für Praktikanten. Hier entfällt dieser Freibetrag, wenn es sich um ein vorgeschriebenes Praxissemester oder Pflichtpraktikum handelt. Von Ihren Einkünften wird lediglich die Werbungskostenpauschale in Höhe von 1.000 Euro pro Jahr abgezogen, außerdem werden gezahlte Steuern und eine Sozialversicherungspauschale von 21,3 Prozent berücksichtigt. Der verbleibende Betrag wird voll vom BAföG abgezogen. Unter Umständen kann das BAföG also in den Praktikumsmonaten ganz entfallen. Ein freiwilliges Praktikum hat dagegen keinen Einfluss auf den BAföG-Anspruch. Die Bezahlung wird hier vielmehr als normales Einkommen betrachtet, bei dem die üblichen Freibeträge gelten.

[ ] Tipp: Online-Infos

Umfassend über Sozialversicherungspflicht, Finanzierung von Studium und Praktikum sowie Rechte und Pflichten eines Praktikanten informiert der Deutsche Gewerkschaftsbund (DGB) unter www.dgb-jugend.de/studium. Hier finden sich auch zahlreiche Bewertungen von Praktika.

Studiendarlehen und Bildungsfonds

Was tun, wenn während eines Praktikums keine Zeit mehr zum Jobben bleibt und auch die Eltern nicht einspringen können? Dann bleibt immer noch die Möglichkeit, einen Kredit aufzunehmen.

Studienkredite

Immer mehr Banken entdecken die Zielgruppe „Student" und umwerben sie mit entsprechenden Angeboten. Diese weisen häufig günstige Zinssätze, eine flexible Rückzahlungsdauer und einige tilgungsfreie Jahre nach dem Abschluss auf. Im Gegensatz zum

BAföG-Darlehen müssen diese Studienkredite jedoch in der Regel vollständig zurückgezahlt werden. Dies kann unter Umständen schon einmal fünf Jahre lang dauern – je nach Höhe und Laufzeit des Kredits. Auch ist die Höhe der Rückzahlungsraten meist unabhängig vom erzielten Einkommen. Wer in einem schlecht bezahlten Einstiegsjob landet, kann an diesen Raten also durchaus zu knabbern haben.

Da Sie bei einem Studienkredit mit Schulden ins Berufsleben starten, sollte er immer letztes Mittel sein, wenn alle anderen Finanzierungstöpfe ausgeschöpft sind. Wenn Sie sich für diese Möglichkeit entscheiden, dann nehmen Sie nur so viel Geld wie nötig für möglichst kurze Zeit auf – zum Beispiel um sich während eines Praktikums über Wasser zu halten.

Checkliste: Studienkredit – darauf sollten Sie achten

- Bleibt der Zinssatz über die Laufzeit stabil?
- Wie wird das Darlehen zurückgezahlt?
- Wann müssen Sie das Darlehen zurückzahlen?
- Ist die Höhe der Raten festgeschrieben?
- Ab wann müssen die Zinsen gezahlt werden?
- Was passiert bei einer Auszeit, zum Beispiel durch Krankheit, Auslandsaufenthalt oder Elternzeit?
- Gibt es Altersgrenzen oder andere Voraussetzungen (zum Beispiel überdurchschnittliche Studienleistungen)?

Vergleichen Sie die Angebote der einzelnen Banken sorgfältig und überprüfen Sie, welcher Kredit am besten zu Ihren persönlichen Bedürfnissen passt. Lassen Sie sich immer ein individuelles Angebot machen, das genau auf Ihre Situation zugeschnitten ist.

Studienkredite im Vergleich

Das Centrum für Hochschulentwicklung (CHE) untersucht und vergleicht jedes Jahr Studienkredite, -darlehen und -fonds. Die aktuellen Ergebnisse können auf der Website www.che-studienkredit-test.de eingesehen und heruntergeladen werden.

Bildungsfonds

Auch Bildungsfonds bieten Kredite an. Dabei wird die Finanzierung des Ausfallrisikos von Geldgebern über einen Fonds übernommen. Anleger kaufen Anteile am Fonds und wollen später dafür eine Rendite sehen. Da Rückzahlungen in den Fonds fließen, trägt sich das Ganze nach einer gewissen Zeit von selbst – jedoch nur, wenn es nicht zu viele Ausfälle gibt. Wer aus einem solchen Fonds gefördert werden will, muss sich meist einem strengen Auswahlverfahren unterziehen. Dafür können Studierende dann mit bis zu 1.000 Euro im Monat gefördert werden. Die Höhe der Rückzahlungen richtet sich nach dem Verdienst nach Studienende – bei einem geringen Einkommen zahlen Sie also auch nur wenig zurück. Ein solcher Bildungsfonds wird zum Beispiel vom Münchner Finanzdienstleister CareerConcept (www.bildungsfonds.de) angeboten.

Der Bildungskredit der KfW-Bankengruppe

Der Bildungskredit der KfW-Bankengruppe eignet sich zwar nicht, um ein ganzes Studium zu finanzieren, doch lohnt er sich dann, wenn Sie zusätzliche Ausgaben haben (zum Beispiel durch Exkursionen oder Auslandsaufenthalte) oder in der Examenszeit weniger Zeit zum Jobben haben. Auch ein mageres Praktikumsgehalt können Sie damit aufstocken.

Dieser Bildungskredit ist zeitlich befristet und zinsgünstig und kann auch zusätzlich zum BAföG aufgenommen werden. Möglich ist ein Kreditvolumen von 1.000 bis 7.200 Euro, das Sie sich in bis zu 24 Monatsraten in Höhe von 100, 200 oder 300 Euro auszahlen lassen können. Auf Wunsch ist auch eine Einmalzahlung von bis zu 3.600 Euro für ausbildungsbezogene Aufwendungen möglich. Mit der Rückzahlung müssen Sie erst vier Jahre nach Auszahlung der ersten Rate beginnen. Die Höhe der monatlichen Raten beträgt 120 Euro. Voraussetzung für eine Förderung ist eine bestandene Zwischenprüfung oder eine Bestätigung, dass die üblichen Leistungen erbracht wurden. Das Höchstalter für einen Kredit beträgt 35 Jahre.

Einen Rechtsanspruch auf diesen Bildungskredit haben Sie nicht, denn es gibt hier ein vorgegebenes Budget – wenn es erschöpft ist, gehen Sie leer aus. Zuständig für die Vergabe des Kredits ist das Bundesverwaltungsamt (www.bund.bva.de). Weitere Informationen erhalten Sie unter www.bildungskredit.de.

> **[ ] Tipp: Ratgeber zur Studienfinanzierung**
>
> Umfassend über die verschiedenen Möglichkeiten, ein Studium zu finanzieren, informiert der Ratgeber „Clever studieren – mit der richtigen Finanzierung" der Verbraucherzentralen (www.vz-ratgeber.de).

Das Finanzamt

Das Gehalt von Praktikanten ist oft mager genug. Müssen Sie dafür etwa auch noch Steuern zahlen? Ja, auch Einkünfte als Praktikant müssen versteuert werden. Damit Ihr Arbeitgeber die Lohnsteuer einreichen kann, benötigt er eine Lohnsteuerkarte. Bis Ende 2012 gilt noch die in Papierform, ausgestellt wird sie aber seit 2010 nicht mehr. Wer 2010 noch eine Lohnsteuerkarte bekommen hat, benutzt diese einfach weiter. Haben Sie dagegen noch keine Lohnsteuerkarte, stellt Ihnen das Finanzamt eine Ersatzbescheinigung aus, die Sie dann bei Ihrem Arbeitgeber einreichen. Auf der Lohnsteuerkarte ist neben Ihrem Namen und Ihrer Anschrift auch Ihre Religionszugehörigkeit und Ihre Steuerklasse angegeben. Kinder und eventuelle Freibeträge sind ebenfalls vermerkt.

Ab dem 1. Januar 2013 sollte die elektronische Lohnsteuerkarte gelten, deren Start wegen technischer Probleme verschoben wurde. Die Informationen, die früher auf der Lohnsteuerkarte aufgeführt waren, sind ab dann in einer zentralen Datenbank hinterlegt und werden Ihrem Arbeitgeber elektronisch zur Verfügung gestellt.

Führt Ihr Arbeitgeber auf Ihre Einnahmen Lohnsteuer ans Finanzamt ab, können Sie sich diese allerdings mit einer freiwilligen Steuererklärung zurückholen – vorausgesetzt Ihre Einkünfte betragen nicht mehr als 8.004 Euro. Außerdem gibt es eine Reihe von Sonderausgaben, die Sie bis zu einem Betrag von 6.000 Euro steuerlich absetzen können – das bedeutet, Ihr Einkommen verringert sich um diese Beträge. Dazu gehören zum Beispiel Studiengebühren, Kosten für Kopien und Exkursionen, Fahrtkosten zum Studienort, außerdem Spenden und Kirchensteuer. Bleiben dann nicht mehr als 8.004 Euro übrig, bekommen Sie Ihre Steuern im Folgejahr komplett zurück.

Welche Steuerklasse?

Als gesetzlich versicherter Single sind Sie in der Regel Steuerklasse I. Nehmen Sie einen zweiten Job auf, so sind Sie in diesem zweiten Arbeitsverhältnis Steuerklasse IV. Das bedeutet hohe Abzüge. Machen Sie diese Lohnsteuerklasse also bei dem Job geltend, der weniger gut bezahlt ist. Unter Umständen können Sie sich gezahlte Steuern auch zurückholen.

Minijob

Ausnahmen von der Steuerpflicht sind die sogenannten Minijobs, auch „400-Euro-Jobs" genannt. Diese Einkünfte sind steuerfrei, auch wenn Sie den Minijob zusätzlich zu einem normalen Job ausüben. Allerdings muss Ihr Arbeitgeber Sie dann als Minijobber bei der Minijobzentrale anmelden und pauschal zwei Prozent als Steuern an das Finanzamt abführen. Dabei spielt es keine Rolle, ob Sie nun jeden Monat genau 400 Euro verdienen. Maßgeblich ist der Jahresdurchschnitt. Insgesamt dürfen Sie in einem Jahr nicht mehr als 4.800 Euro durch einen Minijob verdienen.

Sie können auch mehrere Minijobs parallel haben, dürfen dabei aber nicht mehr als 400 Euro insgesamt verdienen, sonst werden Sie sozialversicherungspflichtig – und zwar in allen Jobs.

Verdienen Sie in Ihrem Praktikum mehr als 400 Euro, so bleibt der Minijob außen vor: Er ist dann steuer- und sozialversicherungsfrei.

> **[ ] Tipp: Detaillierte Infos zu Minijobs**
> Bei Redaktionsschluss war geplant, die Einkommensgrenze auf 450 Euro zu erhöhen. Aktuelle Infos: www.minijob-zentrale.de

Ein Minijob schließt außerdem die gesetzliche Unfallversicherung ein. Sie sind dann also gegen Arbeitsunfälle und Berufskrankheiten versichert. Auch haben Sie Anspruch auf eine Lohnfortzahlung im Krankheitsfall.

Beurlaubung von der Hochschule

Wenn Sie in einem Semester keine Lehrveranstaltungen an Ihrer Hochschule besuchen, können Sie sich beurlauben lassen. Dies kann auch bei einem Praktikum der Fall sein.

Ein Urlaubssemester beantragen

Die Gründe für eine solche Beurlaubung unterscheiden sich von Bundesland zu Bundesland, in der Regel gehören dazu jedoch:

- Erkrankung des Studierenden oder eines nahe Angehörigen, wenn dieser auf die Hilfe des Studierenden angewiesen ist,
- Ableistung eines in der Studienordnung vorgeschriebenen Praktikums,
- Auslandsstudium,
- Auslandsaufenthalt als Fremdsprachenassistent,
- Mutterschutz und Elternzeit,
- Erwerbstätigkeit, wenn Sie Ihren Lebensunterhalt selbst bestreiten müssen (nicht in Bayern).

An einigen Hochschulen wie zum Beispiel an der Ludwig-Maximilians-Universität München wird ein freiwilliges qualifiziertes Praktikum als Grund für eine Beurlaubung von der Hochschule anerkannt, wenn der Praktikant nachweisen kann, dass er das Praktikum nur während der Vorlesungszeit absolvieren kann und es mindestens neun Wochen der Vorlesungszeit beansprucht. Auch darf der Praktikant die Regelstudienzeit noch nicht überschritten haben.

Für eine Beurlaubung müssen Sie möglichst gegen Ende der Vorlesungszeit des Semesters, nach dem Sie sich beurlauben lassen wollen, einen Antrag beim Studentensekretariat stellen. Eine rückwirkende Beurlaubung ist nicht möglich. Das heißt: Wenn Sie im November noch eine kurzfristige Zusage für ein Praktikum ab dem folgenden Januar erhalten haben, können Sie sich für das Wintersemester nicht mehr beurlauben lassen.

Auch für das Urlaubssemester müssen Sie das Bestehen einer Krankenversicherung nachweisen. Urlaubssemester werden übrigens nicht auf die Förderungshöchstdauer bei BAföG-Bezug angerechnet. Dafür erhalten Sie in dieser Zeit aber auch keine BAföG-Bezüge, es sei denn, Sie studieren im Ausland und beantragen Auslands-BAföG. Probleme kann es bei anstehenden Prüfungen geben, denn in der Regel können während eines Urlaubssemesters keine Studien- und Prüfungsleistungen erbracht werden. Nicht bestandene Prüfungen können jedoch wiederholt werden. Da die Regelungen hier von Bundesland zu Bundesland sehr unterschiedlich sind, sollten Sie sich unbedingt frühzeitig beim Prüfungsamt der Hochschule erkundigen.

Ein Urlaubssemester für ein Praktikum?

Natürlich legen Personaler großen Wert auf ein zügiges und zielstrebiges Studium, doch sollten Sie die Chance auf ein Praktikum, das Sie wirklich weiterbringt, nicht ausschlagen. In einem solchen Fall – zum Beispiel, wenn Sie die Möglichkeit haben, ein Praktikum im Ausland zu absolvieren –, lohnt es sich durchaus, ein Urlaubssemester einzulegen.

Dass Sie diese Zeit nicht sinnlos verbummelt haben, können Sie in Ihren Bewerbungsunterlagen bzw. im Vorstellungsgespräch deutlich machen. Eine solche Zusatzqualifikation bringt in den meisten Fällen mehr als ein schnell abgeschlossenes Studium.

9
Was tun, wenn's nicht so gut läuft?

Leider hat man nicht immer Glück mit seiner Praktikumsstelle – auch wenn das Angebot am Anfang noch so verlockend klang. Häufig liegt es gar nicht am Praktikanten selbst, sondern daran, dass im Unternehmen ein schlechtes Betriebsklima herrscht. Vielleicht fühlt sich ein Kollege vom „Nachwuchs" bedroht und hat Angst, dass mit dem Praktikanten schon sein Ersatz ins Haus gekommen ist. Oder zwischen mehreren Praktikanten tobt ein erbitterter Konkurrenzkampf, weil jeder der Beste sein will. Vielleicht entspricht aber auch der Praktikumsplatz nicht Ihren Ansprüchen, weil Sie die meiste Zeit nur am Kopierer oder mit dem Erfassen von Daten verbringen. In einem solchen Fall stellt sich dann schon einmal die Frage: Soll ich wirklich noch weitermachen oder mir lieber einen anderen Praktikumsplatz suchen?

Beispiel

Hanna macht ein Praktikum in der Pressestelle eines Verlags. Doch anstatt Pressemeldungen zu schreiben und an der Organisation von Presseveranstaltungen mitzuwirken, ist sie hauptsächlich damit beschäftigt, Rezensionen zu kopieren und abzulegen und Rezensionsexemplare zu versenden. So hatte sie sich ihr Praktikum nicht vorgestellt! Doch Hanna mochte die Kollegen und fand den Verlag an sich sehr interessant – also beschloss sie, das Praktikum durchzuhalten. Auch der Verlag war zufrieden mit ihr: Im Anschluss an das Praktikum bekam sie eine Werkstudentenstelle, bei der sie für ihre Arbeit bezahlt wurde und auch anspruchsvollere Tätigkeiten verrichten konnte. Das Praktikum hatte sich also doch gelohnt.

Michael dagegen macht ein Praktikum in einer kulturellen Einrichtung. Obwohl er sein Studium bereits abgeschlossen hat, ließ er sich auf dieses Praktikum ein, da ihm eine Übernahme in Aussicht gestellt wurde. Doch im Praktikum merkt er schnell, dass er eigentlich eine ganz normale Arbeitskraft ist. Von Betreuung keine Spur – stattdessen soll er von Anfang an selbstständig arbeiten. Als er nach einiger Zeit das Thema „Übernahme" anspricht, heißt es, man habe dazu momentan kein Geld. Aber Michael könne sein Praktikum gern verlängern – für 350 Euro im Monat. Michael ist frustriert. Soll er das Praktikum abbrechen oder durchhalten?

Probleme am Arbeitsplatz

Für einen Praktikanten können sich viele Probleme am Arbeitsplatz ergeben, die unter anderem auch damit zusammenhängen, welchen Status ein Praktikant generell im Unternehmen genießt. Wird er nur als billige Arbeitskraft gesehen, die die Personalknappheit während der Urlaubszeit ausgleichen und den Festangestellten einfache Arbeiten abnehmen soll? Oder nimmt das Unternehmen seine Lehraufgabe ernst? Unter anderem können folgende Schwierigkeiten im Praktikum auftreten:

- Sie haben keinen eigenen Arbeitsplatz, sondern arbeiten an einem Platz, der gerade zufällig frei ist, zum Beispiel weil jemand im Urlaub ist.
- Sie werden von den Kollegen nicht ernst genommen, Vorschläge Ihrerseits werden allenfalls milde belächelt.
- Sie haben keinen konkreten Aufgabenbereich.
- Sie haben keinen Betreuer im Unternehmen.

In diesen Fällen sollten Sie zuerst ein Gespräch mit Ihrem Betreuer oder – falls Sie keinen Betreuer haben – der Personalabteilung suchen. Wenn auch nach wiederholtem Nachfragen nichts getan wird, um die Situation für Sie zu ändern, sollten Sie überlegen, ob diese Praktikumsstelle wirklich richtig für Sie ist. Auf vier Probleme, die sich im Praktikum häufig ergeben, wird in den folgenden Abschnitten noch näher eingegangen werden.

Konflikte mit Kollegen oder Vorgesetzten

Alles könnte so schön in Ihrem Praktikum sein: Sie sind in einem tollen Unternehmen gelandet und Ihnen ist eine Tätigkeit zugeteilt worden, die Ihnen Spaß macht und Sie beruflich auch weiterbringt. Doch Ihrem Chef können Sie es einfach nicht recht machen. An allem hat er etwas auszusetzen und die Kollegen sind auch unangenehm.

Diese Situation kommt in einem Praktikum häufig vor. Treten wiederholt Reibungen mit Kollegen oder Vorgesetzten auf, sollten Sie zunächst einmal Ihr Verhalten und Ihre Leistung unter die Lupe nehmen. Zeigen Sie Interesse an dem, was Ihre Abteilung macht, oder tun Sie nur, was Ihnen gesagt wird? Bringen Sie eigene Ideen ein? Fragen Sie nach, wenn Sie etwas nicht verstanden haben, oder wursteln Sie ohne Ergebnis herum? Ist Ihre Arbeit nützlich für Ihre Kollegen oder das Projekt, das fertiggestellt werden muss? Telefonieren Sie häufig über Ihr privates Handy? Bieten Sie Unterstützung an, wenn Sie sehen, dass es eng wird? Sind Sie der Letzte, der kommt, und der Erste, der geht?

Wenn Sie keinen Mangel an Ihrer Arbeit und Ihrem Einsatz finden können, sind die Gründe schwer zu identifizieren. Vielleicht ist das Unternehmen gerade in einer schwierigen Phase und alle sind nervös und unter Druck. Oder möglicherweise fühlt sich ein Kollege von Ihnen bedroht, weil Sie höher qualifiziert sind als er und er insgeheim befürchtet, Sie könnten an seinem Stuhl sägen. Oder Sie haben in den Zuständigkeitsbereich eines Kollegen eingegriffen, vielleicht auch ohne dies zu wissen. In einem solchen Fall kann der verärgerte Kollege schon einmal seine Macht spielen lassen. Gehen Sie nicht gleich in die Luft, auch wenn das Verschulden wirklich nicht bei Ihnen liegt. Als Praktikant sitzen Sie immer am kürzeren Hebel. Suchen Sie stattdessen lieber ein sachliches Gespräch mit der betreffenden Person – und zwar noch bevor Sie sich an Ihren Betreuer wenden. Sonst bekommen Sie schnell den Ruf, „hintenrum" zu sein und andere anzuschwärzen.

Konkurrenz und Mobbing

In einem Unternehmen, das mehrere Praktikanten auf einmal beschäftigt, kann es durchaus zu einer Konkurrenz zwischen den Praktikanten kommen. Jeder will am besten dastehen, weil er sich für die Zukunft Optionen sichern will. Ein bisschen Konkurrenz ist immer gut, denn sie spornt zu besseren Leistungen an. Kritisch wird die Situation aber, wenn sich ein Konkurrent mit aller Macht durchsetzen will und versucht, Sie zum Beispiel durch Mobbing aus dem Spiel zu werfen. Der Begriff „Mobbing" geistert zwar immer wieder durch die Medien, doch nicht bei jeder kleinen Streitigkeit handelt es sich gleich um Mobbing. Mobbing ist vielmehr eine Vielzahl von negativen Handlungen, die über einen längeren Zeitraum hinweg gegen eine bestimmte Person gerichtet werden. Dazu gehört zum Beispiel:

- nicht ausreden lassen,
- ständige Kritik an Arbeit und Privatleben,
- Drohungen,
- wie Luft behandeln,
- Gerüchte verbreiten, Verleumdung,
- sinnlose Arbeitsaufgaben,
- Verdächtigung, psychisch krank zu sein.

Bedenken Sie, dass in der Praxis der Tatbestand des Mobbings außerordentlich schwer oder gar nicht zu beweisen sein dürfte. Suchen Sie auf jeden Fall das Gespräch mit dem Betreuer. Wenn Sie sich gegen das Mobbing absolut nicht zur Wehr setzen können, sollten Sie sich ernsthaft überlegen, das Praktikum abzubrechen. Denn das Mobbing schlägt sich meist auf Ihre Leistungen und deren Beurteilung nieder und so bringt Ihnen das Praktikum vermutlich nicht viel.

Ein besonderer Fall ist sexuelle Belästigung am Arbeitsplatz. Praktikantinnen sind hier beliebte Opfer, wenn sie noch nicht gelernt haben, sich zu wehren, und oft auch nicht ausreichend über ihre Rechte informiert sind. Unter sexueller Belästigung versteht man ein Verhalten, das Frauen erniedrigt und demütigt und die von ihnen gesetzten Grenzen überschreitet. Kritisiert eine Frau dieses Verhalten, muss sie mit negativen Konsequenzen rechnen. Werden Sie als Praktikantin sexuell belästigt, dürfen Sie sich damit nicht abfinden. Ein Praktikum ist dieses Opfer nicht wert, Sie werden mit Sicherheit eine bessere Stelle finden können.

Kaffeekochen als Hauptbeschäftigung
Sie haben Ihr Wunschpraktikum in einer Zeitungsredaktion ergattert, doch anstatt als rasender Reporter von Ereignis zu Ereignis zu düsen, verbringen Sie den größten Teil des Tages am Kopierer, an der Kaffeemaschine oder mit Botengängen. „So nicht!",

denken Sie sich, „hier lerne ich ja gar nichts, was mich beruflich weiterbringt."

Natürlich hatten Sie sich Ihr Praktikum anders vorgestellt, doch müssen Sie auch bedenken, dass Sie in der Unternehmenshierarchie ganz unten stehen – Sie haben nun einmal am wenigsten Erfahrung. Es ist also kein Wunder, dass Sie für unliebsame Aufgaben herangezogen werden, und in gewissem Maße sollten Sie das auch tolerieren. Wenn Sie aber gar nichts anderes tun dürfen, sollten Sie nach den Ursachen suchen: Haben Sie vielleicht in den ersten Tagen erwähnt, dass Sie sich überfordert fühlen und somit – vielleicht ganz unbewusst – signalisiert, dass Sie sich leichtere Aufgaben wünschen? Ist Ihnen vielleicht gar keinen Aufgabenbereich zugeteilt worden?

In diesen Fällen sollten Sie ein Gespräch mit Ihrem Betreuer suchen und ihm mitteilen, dass Sie sich unterfordert fühlen. Er wird dann gemeinsam mit Ihnen nach Lösungswegen suchen. Geht aus dem Gespräch allerdings hervor, dass Praktikanten in diesem Unternehmen grundsätzlich nur für Hilfstätigkeiten vorgesehen sind, sollten Sie sich überlegen, ob Sie das Praktikum nicht lieber abbrechen und sich eine Stelle suchen, die Ihren Qualifikationen eher gerecht wird.

[ ] **Tipp: Aufgaben zu Beginn festhalten**

Gut ist es natürlich, wenn Sie einen schriftlichen Praktikumsvertrag in der Hand haben, in dem Ihre Aufgaben festgehalten sind. So haben Sie immerhin ein Druckmittel, um Ihre Situation zu verbessern. Bei einem Pflichtpraktikum können Sie sich auch auf die Praktikantenrichtlinien Ihrer Hochschule berufen.

Ausbeutung

Nicht nur Unterforderung, sondern auch das genaue Gegenteil ist ein häufiges Problem im Praktikum: Nicht selten werden Praktikanten – vor allem solche, die ihr Studium bereits abgeschlossen haben – ausgebeutet und verrichten dieselbe Arbeit wie ein festangestellter Mitarbeiter, allerdings für erheblich weniger oder auch gar kein Geld. Sie bekommen in einem solchen „Praktikum" nicht die Chance, etwas zu lernen, sondern werden sofort ins kalte Wasser geworfen – wenn Sie Praktikant dann doch einmal einen Fehler machen sollten, kann das schlimme Konsequenzen haben.

Bei einem solchen Praktikum handelt es sich nicht um ein Praktikum im eigentlichen Sinn. Sie erinnern sich: Bei einem Praktikum steht der Lerneffekt im Vordergrund und nicht die erbrachte Arbeitsleistung. Was aber tun, wenn Sie feststellen, dass Sie als Praktikant nur ausgebeutet werden? Hier sollten Sie sich eine wichtige Frage stellen: Bringt Ihnen dieses Praktikum irgendetwas? Ist der Arbeitgeber so bekannt, dass sich sein Name gut in Ihrem Lebenslauf macht? Können Sie in diesem Praktikum Kontakte knüpfen, die Sie weiterbringen? Nützt Ihnen die gewonnene Arbeitserfahrung auf dem Weg zum Traumjob? Und können Sie es sich finanziell leisten, dieses Praktikum zu absolvieren? Oder ziehen Sie es nur durch, weil Sie die Hoffnung nicht aufgeben wollen, vielleicht doch noch übernommen zu werden? Vor allem wenn Sie merken, dass Sie mit der Aussicht auf Bezahlung oder eine spätere Übernahme hingehalten werden, sollten Sie sofort die Notbremse ziehen.

Diese ausbeuterischen Praktika haben nur einen einzigen Vorteil: Sie bekommen den Alltag im gewählten Job mit allen Vor- und Nachteilen mit. Sie beweisen also, dass Sie diesen Job ausüben können und nichts mehr lernen müssen. Dann sollte dies allerdings auch in der Tätigkeitsbeschreibung in Ihrem Zeugnis so dargestellt werden, also zum Beispiel „selbstständige Betreuung von Kunden" und nicht „Mithilfe bei der Kundenbetreuung". Dies hilft Ihnen auch, falls Sie später eine angemessene Vergütung für Ihr Praktikum einklagen wollen.

> **Auf angemessene Vergütung klagen?**
>
> Wenn Sie in einem Praktikum als normale Arbeitskraft eingesetzt wurden und dafür kein oder nur wenig Geld erhielten, können Sie vor dem Arbeitsgericht Klage erheben und gemäß § 612 BGB eine angemessene Vergütung, eventuell sogar Tariflohn, einklagen. Dann müssen Sie allerdings hieb- und stichfest darlegen können, dass es sich in Ihrem Fall nicht um ein Praktikum, sondern um ein verdecktes Arbeitsverhältnis handelte. Auf Unterstützung von Kollegen werden Sie hier nicht hoffen können, denn diese werden kaum gegen ihren Arbeitgeber aussagen. Doch vielleicht können Sie frühere Praktikanten finden, die Ihre Aussagen unterstützen? Über soziale Netzwerke wie XING oder Facebook dürfte Ihnen dies nicht allzu schwer fallen. Auch die Ausschreibung Ihres Praktikums kann Ihnen hier nützen. Formulierungen wie „Bei entsprechender Eignung ist eine Übernahme in ein festes Arbeitsverhältnis möglich" sagt zum Beispiel, dass das Unternehmen eine feste Stelle zu vergeben hat.

Durchhalten oder abbrechen?

Im Ernstfall können die genannten Probleme Anlass für einen Abbruch des Praktikums sein – auf jeden Fall werden sie Sie jedoch zum Nachdenken darüber anregen, ob sich dieses Praktikum wirklich lohnt. Die Gründe, die zum Abbruch eines Praktikums führen, sind meistens sehr individuell. Befragt man Studenten nach ihren Erfahrungen, werden folgende Gründe am häufigsten genannt:

- „Ich habe mir falsche Vorstellungen von dieser Branche oder dem Unternehmen gemacht."
- „Ich fühlte mich durch die Aufgaben überlastet. Ich versuche es lieber zu einem späteren Zeitpunkt noch einmal."
- „Ich wurde mit Aufgaben wie Postsortieren oder Fotokopieren vollkommen unterfordert."

Natürlich können Sie ein Praktikum vorzeitig beenden, Sie müssen sich jedoch an die im Vertrag vereinbarten Kündigungsfristen halten. Bevor Sie Ihre Kündigung einreichen, sollten Sie noch einmal ein ausführliches Gespräch mit Ihrem Betreuer suchen und ihm von Ihren Problemen berichten. Wenn sich danach nichts an Ihrer Situation ändert, gilt es, sorgfältig abzuwägen, ob ein Abbruch vielleicht die bessere Alternative ist. Bei einem Pflichtpraktikum sollten Sie auch die Hochschule über die Gründe Ihres Abbruchs informieren, besonders wenn Sie die Stelle über die Hochschule bekommen haben.

Wer sich aber nicht gleich beim ersten Problem geschlagen geben und die Flinte ins Korn werfen möchte, kann versuchen, auch aus einem schlechten Praktikum noch das Beste herauszuholen. Kündigen können Sie auch später noch. Gründe, die Sie zum Durchhalten motivieren können, sind zum Beispiel:

- Sie möchten herausfinden, wie Sie mit einer unbefriedigenden Situation zurechtkommen und wie sehr Sie sich zum „Kämpfer" eignen.
- Das Praktikum wird gut bezahlt und Sie beschließen, es als Job anzusehen.
- Sie erhalten einen Einblick in die Branche und finden Interessantes über das Unternehmen heraus.
- Sie lernen Menschen kennen, die Ihnen später vielleicht einmal weiterhelfen können.
- Sie erwerben Schlüsselqualifikationen, wie zum Beispiel EDV-Kenntnisse, Zeitmanagement, Rhetorik oder Teamfähigkeit, die Sie später noch brauchen.

Ob Sie ein Praktikum abbrechen oder durchziehen, hängt von so vielen unterschiedlichen Gründen ab, dass Sie eine solche Entscheidung letztendlich nur allein treffen können.

Gründe für den Abbruch eines Praktikums

- Sie arbeiten nur mit anderen Praktikanten zusammen.
- Sie haben keine Aufgabe und könnten genauso gut zu Hause bleiben, denn es würde ohnehin niemand merken.
- Sie werden von Ihrem Chef oder einem Kollegen sexuell belästigt.
- Man hält Sie mit der Vergütung hin oder zahlt weniger als verabredet.
- Statt der versprochenen Übernahme bietet man Ihnen an, Ihr Praktikum noch einmal für mehrere Monate zu verlängern.

Übrigens: Auch wenn Sie das Praktikum vorzeitig beenden, haben Sie Anspruch auf ein Zeugnis über den Zeitraum, in dem Sie in diesem Unternehmen tätig waren.

Kündigung durch den Arbeitgeber

Wie bei jedem anderen Arbeitsverhältnis kann natürlich auch der Arbeitgeber das Arbeitsverhältnis vorzeitig beenden. In der Regel kommt dies nur selten vor, da ein Praktikumsvertag ja sowieso nur zeitlich befristet ist.

Ist im Rahmen eines zeitlich befristeten Praktikumsvertrags die Möglichkeit der ordentlichen Kündigung nicht vertraglich geregelt worden, so besteht diese Möglichkeit nicht. Soll eine ordentliche Kündigung des Praktikumsvertrags erfolgen, so muss dies im Falle eines zeitlich befristeten Praktikumsvertrages für beide Vertragsparteien ausdrücklich vertraglich geregelt sein.

Da in der Praxis ein Praktikum in der Regel nicht länger als sechs Monate andauert, dürfte ein Praktikant nicht unter den Geltungsbereich des Kündigungsschutzgesetzes fallen (§ 1 Abs. 1 Kündigungsschutzgesetz). Sollte hingegen auf ein Praktikumsverhältnis ausnahmsweise das Kündigungsschutzgesetz Anwendung finden, so kann das Praktikumsverhältnis nur aus drei Gründen gekündigt werden: aus dringenden betrieblichen Erfordernissen, aus personenbedingten Gründen oder aus verhaltensbedingten Gründen.

Zu den personenbedingten Kündigungsgründen, also zu den Kündigungsgründen, die in Ihrer Person liegen, zählen unter anderem:

- Alkohol- oder Drogensucht,
- Krankheit,
- fehlende Eignung,
- fehlende Arbeitserlaubnis,
- Verbüßung einer Freiheitsstrafe.

Darüber hinaus gibt es verhaltensbedingte Kündigungsgründe. Verhaltensbedingte Kündigungsgründe setzen ein Verschulden Ihrerseits voraus. Das heißt, Sie haben sich in einer Art und Weise verhalten, die es dem Unternehmen unmöglich macht, Sie weiterzubeschäftigen – nicht einmal „nur" als Praktikant. Das kann zum Beispiel sein:

- häufige Unpünktlichkeit,
- Arbeitsverweigerung,
- schlechte Leistung,
- Bestechung,
- Diebstahl,
- Straftaten,
- Bedrohung von Vorgesetzten,
- unerlaubte Nebentätigkeiten,
- Verstöße gegen die betriebliche Ordnung, zum Beispiel Alkoholverbot am Arbeitsplatz,
- Verstoß gegen die Schweigepflicht.

Bei einigen solchen Verhaltensweisen wird man erst ein persönliches Gespräch mit Ihnen suchen, um Ihnen die Möglichkeit zur Besserung zu geben. Dies ist zum Beispiel bei schlechter Leistung der Fall, denn das Unternehmen möchte natürlich erst einmal herausfinden, ob Sie vielleicht nur Anlaufschwierigkeiten haben, wirklich überfordert sind oder einfach nur keine Lust haben. Auch stundenlange private Telefongespräche oder Surfen im Internet können übrigens Kündigungsgründe sein. Während es bei Festangestellten in solchen Fällen zuerst noch eine Abmahnung gibt, ist man bei Praktikanten oft weniger zimperlich, da sie leichter zu ersetzen sind und meist keinen großen Verlust für die Firma bedeuten.

Schließlich kann eine Kündigung durch den Arbeitgeber auch betriebsbedingt erfolgen, zum Beispiel weil sich die Unternehmensleitung zum Abbau von Arbeitsplätzen entschließt – sei es aus Rationalisierungsgründen, Auftragsmangel oder anderen Gründen. Allerdings hat sich auch der Arbeitgeber an die im Praktikumsvertrag festgelegten Kündigungsfristen zu halten. Nur bei besonders schweren Vergehen Ihrerseits ist eine fristlose Kündigung rechtmäßig.

Wenn Ihnen ein Arbeitgeber aus betriebsbedingten Gründen kündigen muss, ansonsten aber mit Ihrem Verhalten und Ihrer Leistung zufrieden ist, sollten Sie ihn bitten, Ihnen ein qualifiziertes Zeugnis auszustellen und darin auch darauf hinzuweisen, dass das Arbeitsverhältnis aus betrieblichen Gründen vorzeitig beendet wurde. Handelt es sich dabei um ein Pflichtpraktikum, sollten Sie sobald wie möglich das Gespräch mit dem Praktikantenamt Ihrer Hochschule suchen, sodass Ihnen wenigstens die bereits abgeleistete Praktikumszeit anerkannt wird. Vielleicht können Sie ja nahtlos in ein anderes Unternehmen wechseln oder die fehlende Praxiszeit in den nächsten Semesterferien ableisten. Hat man Ihnen allerdings aus personen- oder verhaltensbedingten Gründen gekündigt, werden Sie wohl kaum auf eine positive Beurteilung seitens des Unternehmens hoffen können. Spätestens jetzt ist es an der Zeit, das eigene Verhalten gründlich zu überdenken, um es beim nächsten Versuch besser zu machen.

10
Was am Schluss steht

Nun ist Ihr Praktikum zu Ende. Der letzte Arbeitstag ist gekommen, Sie verabschieden sich von Ihrem Betreuer, Ihrem Vorgesetzten und Ihren Kollegen. Vielleicht haben Sie diesen Tag insgeheim herbeigesehnt, vielleicht sind Sie aber auch ein wenig traurig, Ihrer Praktikumsfirma den Rücken zuzukehren. Doch egal, welche Gefühle Sie am Ende Ihres Praktikums haben: Vergessen Sie nicht, sich bei Ihrem Vorgesetzten und Ihren Kollegen für die gute Zusammenarbeit und die wertvollen Erfahrungen, die Sie in Ihrer Praktikumsfirma gemacht haben, zu bedanken. Wenn Sie möchten, können Sie diesen Dank mit einem kleinen Ausstand feiern. Übernehmen Sie sich hier aber nicht: Niemand wird von einem Praktikanten erwarten, dass er mit teuren Getränken oder leckerem Fingerfood aufwartet – ein selbst gebackener Kuchen reicht hier völlig. Eines ist nun aber noch wichtig: Ihr Zeugnis. Es soll schließlich bestätigen, was Sie in den vergangenen Wochen oder Monaten in Ihrem Praktikum gelernt und getan haben. Was Sie rund um das Zeugnis beachten müssen, erfahren Sie in diesem Kapitel.

Das Zeugnis

Beispiel

Am Ende seines Praktikums hält Sebastian ein Zeugnis in der Hand. In der abschließenden Bewertung heißt es: „Die ihm übertragenen Aufgaben hat er zu unserer Zufriedenheit erledigt." Sebastian freut sich: „Das klingt doch gut, oder?" Und wundert sich später, warum er trotz dieser vermeintlich guten Bewertung Probleme hat, ein zweites Praktikum zu finden.

Bei Melanie läuft es anders: Als sie ihren Betreuer auf ein Zeugnis anspricht, sagt er: „Ach, dazu habe ich jetzt keine Zeit. Schreiben Sie es am besten selbst – Sie wissen ja am besten, was Sie gemacht haben und was im Zeugnis stehen soll." Nun sitzt Melanie vor ihrem Computer und fragt sich: „Was soll ich da nur schreiben?"

Wie jeder Arbeitnehmer hat auch ein Praktikant den Anspruch auf ein Zeugnis (siehe § 16 BBiG). Warten Sie nicht darauf, dass Ihre Praktikumsfirma Ihnen von sich aus am letzten Arbeitstag ein Zeugnis überreicht, sondern ergreifen Sie selbst die Initiative. Etwa eine Woche vor dem Ende Ihrer Arbeitszeit ist ein guter

Augenblick, um Ihren Betreuer auf dieses Thema anzusprechen. Fragen Sie nach, wer das Zeugnis schreibt und wann Sie es bekommen können.

Einfaches oder qualifiziertes Zeugnis

Das absolute Minimum ist ein einfaches Zeugnis, in dem die Dauer des Praktikums festgehalten ist, ebenso die Aufgaben und die erworbenen Fertigkeiten. Dies ist vor allem bei Pflichtpraktika üblich. Doch auch wenn sich Ihre Hochschule mit einem solchen einfachen Zeugnis zufrieden gibt, möchte ein potenzieller zukünftiger Arbeitgeber vielleicht mehr wissen. Lassen Sie sich daher zusätzlich ein qualifiziertes Zeugnis ausstellen. In diesem Zeugnis werden auch Ihre Leistung und Ihr Verhalten beschrieben und bewertet. In den meisten Praktika, die keine Pflichtpraktika sind, ist ein solches qualifiziertes Zeugnis mittlerweile üblich. Vor allem bei einem längeren Praktikum sollten Sie sich unbedingt ein qualifiziertes Zeugnis ausstellen lassen und sich nicht mit einer einfachen Bestätigung abfinden. Grundsätzlich gilt: Je detaillierter ein Zeugnis ist, umso besser ist das für Sie!

Folgende Punkte muss ein Zeugnis aufweisen:
- fehlerfreie äußere Form (keine Schreib- und Tippfehler, kein freies Anschriftenfeld),
- Überschrift „Zeugnis" (nicht „Bescheinigung", „Nachweis" o.Ä.),
- Name und Geburtsdatum des Praktikanten,
- Zeitraum des Praktikums,
- kurze Vorstellung des Unternehmens: Konzern oder Mittelstand, regional oder international tätig, Geschäftsfeld, Anzahl der Mitarbeiter,
- Art der Tätigkeit,
- einzelne Aufgaben des Praktikanten,
- Beurteilung der Leistungen: Fähigkeiten, Wissen, Arbeitsbereitschaft, etc.,
- Beurteilung des sozialen Verhaltens gegenüber allen relevanten Personengruppen (Vorgesetzten, Kollegen, Lieferanten, Kunden),

- Zusammenfassende Gesamtbeurteilung (Note, siehe Kasten),
- Schlussformel, in der das Unternehmen gute Wünsche für die Zukunft ausdrückt,
- handschriftliche Unterschrift, aus der klar ersichtlich wird, wer der Unterzeichner ist und welche Position er im Unternehmen hat.

Sie können Ihrem Arbeitgeber dabei einen Schritt entgegenkommen und Ihre persönlichen Daten und allgemeine Angaben zum Praktikum (Daten, Einsatzbereiche usw.) zusammenschreiben. Dabei hilft es Ihnen, wenn Sie Woche für Woche genau protokollieren, was Sie getan haben. Ihr Betreuer fügt dann noch seine Bewertung hinzu. Vielleicht dürfen Sie das Zeugnis auch ganz selbst formulieren und müssen es dann „nur noch" von Betreuer und Personalchef absegnen lassen.

Gerade bei einem Praktikantenzeugnis kommt es besonders darauf an, dass Ihre Aufgaben und Tätigkeitsbereiche sorgfältig beschrieben werden, denn nicht selten sind diese Kriterien später einmal ausschlaggebend für eine Einladung zu einem Vorstellungsgespräch. Auch die Arbeitsleistung und das Verhalten sollten ausführlich beschrieben werden.

Ein Pluspunkt ist eine positive Abschlussformulierung, denn darauf besteht kein arbeitsrechtlicher Anspruch. Daher wirkt eine solche Formulierung besonders gut. Sie könnte zum Beispiel lauten: „Wir wünschen ihm alles Gute für seine berufliche und private Zukunft." Noch besser ist: „Wir hoffen, ihn nach dem Studium wieder in unserem Unternehmen beschäftigen zu können." Achten Sie außerdem darauf, dass das Zeugnis auf dem offiziellen Briefbogen des Arbeitgebers geschrieben ist. Gerade am Anfang Ihrer Berufslaufbahn sind Zeugnisse von großer Bedeutung, da Sie noch nicht viel Erfahrung und andere aussagekräftige Qualifikationen haben. Da ein Arbeitszeugnis keine sichtlich negativen Bewertungen enthalten darf, hat sich die Zeugnissprache mittlerweile zu einer Wissenschaft für sich entwickelt. Positive Formulierungen im Arbeitszeugnis müssen also nicht immer auch Positives bedeuten. Die wichtigsten Zeugnisformulierungen und ihre Entsprechung in Schulnoten sind im folgenden Kasten kurz zusammengefasst.

Note 1 (sehr gut):
- Die ihm übertragenen Aufgaben hat er stets zu unserer vollsten Zufriedenheit erledigt.
- Mit seinen Leistungen waren wir jederzeit außerordentlich zufrieden.
- Seine Leistungen haben in jeder Hinsicht unsere vollste Anerkennung gefunden.
- Sein Verhalten gegenüber Vorgesetzten und Mitarbeitern war stets vorbildlich und jederzeit tadellos.

Note 2 (gut):
- Die ihm übertragenen Aufgaben hat er stets zu unserer vollen Zufriedenheit erledigt.
- Mit seinen Leistungen waren wir jederzeit voll und ganz zufrieden.
- Seine Leistungen haben unsere volle Anerkennung gefunden.
- Sein Verhalten gegenüber Vorgesetzten und Mitarbeitern war vorbildlich und jederzeit tadellos.

Note 3 (befriedigend):
- Die ihm übertragenen Aufgaben hat er zu unserer vollen Zufriedenheit erledigt.
- Mit seinen Leistungen waren wir stets zufrieden.
- Er hat unsere Erwartungen in jeder Hinsicht erfüllt.
- Sein Verhalten gegenüber Vorgesetzten und Mitarbeitern war einwandfrei.

Note 4 (ausreichend)
- Die ihm übertragenen Aufgaben hat er zu unserer Zufriedenheit erledigt.
- Mit seinen Leistungen waren wir zufrieden.
- Die Qualität seiner Arbeit war zufriedenstellend.
- Sein Verhalten gegenüber Vorgesetzten und Mitarbeitern gab keinen Anlass zu Beanstandungen und Tadel.

Note 5 (mangelhaft):
- Die ihm übertragenen Aufgaben hat er im Großen und Ganzen (auch: insgesamt oder weitgehend) zu unserer Zufriedenheit erledigt.
- Er bearbeitete die ihm übertragenen Aufgaben mit großem Fleiß und Interesse.
- Die Qualität seiner Arbeit entsprach unseren Erwartungen.
- Sein Verhalten gegenüber Vorgesetzten und Mitarbeitern war angemessen.

Note 6 (ungenügend):
- Er hat sich bemüht, die ihm übertragenen Aufgaben zu unserer Zufriedenheit zu erledigen.
- Er zeigte für die übertragenen Aufgaben Verständnis und Interesse.
- Er bemühte sich stets um sinnvolle Lösungen.
- Sein Verhalten im Dienst war angemessen.

Da es die Formulierung „vollsten" eigentlich nicht gibt – das wäre dann ja voller als voll – bevorzugen einige Personalabteilungen stattdessen das Wort „außergewöhnlich".

> **[ ] Tipp: Keine falsche Bescheidenheit**
> Gerade Frauen neigen oft dazu, ihr Licht unter den Scheffel zu stellen, und trauen sich nicht, sich eine ausgezeichnete Arbeitsleistung zu bescheinigen. Haben Sie hier nur Mut zum Eigenlob, denn schließlich soll Ihnen Ihr Praktikumszeugnis die Tür zum späteren Traumjob öffnen.

Wenn Sie das Praktikum vorzeitig abbrechen – egal, aus welchem Grund –, müssen Sie sich damit abfinden, dass dies im Zeugnis auftaucht. Die entsprechende Formulierung lautet dann: „Er/Sie beendete das Praktikum auf eigenen Wunsch."

Vorsicht, Geheimsprache!

Darüber hinaus gibt es eine ganze Reihe von Formulierungen, die scheinbar etwas Positives ausdrücken, in Wirklichkeit aber etwas ganz anderes bedeuten. Jeder Personalchef wird diese Wendungen sofort interpretieren können. Beispiele hierfür sind:

- „Er zeigte beachtliches Selbstvertrauen" bedeutet „Er weiß alles besser."
- „Er vermied Spannungen" bedeutet „Er ist ein Ja-Sager."
- „Er kam mit seinen Vorgesetzten gut zurecht" bedeutet „Er ist ein Mitläufer, der sich gut anpassen kann."
- „Er verstand es, Aufgaben zu delegieren" bedeutet „Er ist ein Drückeberger."
- „Gesellige Art" bedeutet „Alkoholiker".
- „Er förderte das Betriebsklima durch Geselligkeit" bedeutet „Er trank Alkohol bei der Arbeit."
- „Fest gefügte Ansichten" bedeutet „streitsüchtig, stur".

Nicht immer erfolgt diese Verwendung der Zeugnis-Geheimcodes jedoch absichtlich. Kleine Unternehmen stellen nicht oft Zeugnisse aus und sind deshalb mit diesen Wendungen und Konventionen häufig nicht vertraut. Falls Sie sich in einem solchen Fall ungerecht beurteilt fühlen, suchen Sie das Gespräch mit der Person, die Ihnen das Zeugnis ausgestellt hat, und weisen Sie sie gegebenenfalls auf diese Codes hin.

 Tipp: Weitere Infos
Weitere Informationen zum Thema „Arbeitszeugnis" erhalten Sie auf den Websites www.arbeitszeugnis.de und www.praktikumszeugnis.de.

Wenn das Zeugnis schlecht ist
In einem Zeugnis dürfen keine negativen Dinge stehen – deshalb der umständliche „Geheimcode". Doch was tun, wenn Sie das Gefühl haben, in Ihrem Zeugnis zu schlecht weggekommen zu sein? Fragen Sie nach, was die Kritikpunkte zu bedeuten haben, denn daraus können Sie viel lernen. Wenn Sie zum Beispiel Ihr Bestes gegeben haben, das Zeugnis Ihnen jedoch mangelndes Engagement vorwirft, so fragen Sie den Aussteller des Zeugnisses, was er damit gemeint hat und in welchen Bereichen Sie seiner Meinung nach nicht engagiert genug waren. Tun Sie das jedoch nicht in beleidigtem Tonfall, sondern weil Sie es beim nächsten Mal besser machen wollen.

Vielleicht weiß Ihr Chef aber auch nicht, wie man richtig Zeugnisse ausstellt, oder er mag Sie aus irgendeinem Grund nicht und stellt Ihnen deshalb ein ungerechtes Zeugnis aus. Dann bleibt Ihnen nichts anderes übrig, als eine Überarbeitung zu fordern. Sagen Sie so deutlich wie möglich, welche Stellen falsch sind und wie die Formulierungen stattdessen heißen müssen.

Nützt das alles nichts, so bleibt ein kleiner Trost: Sie müssen das schlechte Zeugnis zukünftigen Bewerbungen nicht beilegen. Geben Sie stattdessen in Ihrem Lebenslauf den Namen Ihres Vorgesetzten mit Kontaktdaten an. So haben Sie Ihr Praktikum auch ohne Zeugnis ordentlich dokumentiert. Auch eine Referenz eines Kollegen oder Ihres Betreuers kann Wunder wirken.

Der Praktikumsbericht

Bei einem Pflichtpraktikum müssen Sie am Ende einen Praktikumsbericht verfassen. Das sieht zwar zunächst nach weiterer Arbeit aus, doch kann Ihnen dieser Bericht durchaus noch einmal von Nutzen sein: Sie behalten nämlich nicht nur einen Überblick, was Sie im Praktikum gelernt haben, sondern Sie können dies später – zum Beispiel bei einer Bewerbung – auch beweisen.

Wie der Praktikumsbericht aussehen soll, ist in der Praktikumsordnung festgelegt. An manchen Hochschulen müssen Sie jede Woche einen zweiseitigen Bericht verfassen, in dem Sie vermerken, was Sie jeden Tag getan haben und wie viel Zeit Sie jeweils mit diesen Aufgaben verbracht haben. Ihr Betreuer muss diesen Bericht dann unterschrieben. In manchen Fächern, zum Beispiel in Geistes- und Sozialwissenschaften, ähnelt ein Praktikumsbericht meist einer Seminararbeit. Bei Praktika in sozialen Einrichtungen gehören häufig auch Fallbeschreibungen zum Bericht.

> **[ ] Tipp: Kontakte pflegen**
> Leiten Sie Ihren ehemaligen Kollegen oder Vorgesetzten zum Beispiel interessante Links, die ihre Arbeit betreffen, weiter – so wird man sich gern an Sie erinnern. Melden Sie sich auch ab und zu mit einer E-Mail, zum Beispiel um Ihre Kollegen über wichtige bestandene Prüfungen zu informieren. Auch über Facebook können Sie Kontakt mit Ihren ehemaligen Kollegen halten. Achten Sie jedoch darauf, welche Informationen die Kollegen sehen können. Die Partybilder vom letzten Wochenende zum Beispiel sollten nur private Freunde zu Gesicht bekommen.

11
Service

Adressen

Bundesministerium für Bildung und Forschung
Hannoversche Straße 28–30, 10115 Berlin
Telefon 0 30/18 57-0, www.bmbf.de

Deutscher Akademischer Austauschdienst (DAAD)
Kennedyallee 50, 53175 Bonn
Telefon 02 28/8 82-0, www.daad.de

Verbraucherzentralen

Verbraucherzentrale Baden-Württemberg e. V.
Paulinenstraße 47, 70178 Stuttgart
Telefon 0 18 05/50 59 99*, Fax 07 11/66 91-50
www.vz-bawue.de

Verbraucherzentrale Bayern e. V.
Mozartstraße 9, 80336 München
Telefon 0 89/5 39 87-0, Telefax 0 89/53 75 53
www.verbraucherzentrale-bayern.de

Verbraucherzentrale Berlin e. V.
Hardenbergplatz 2, 10623 Berlin
Telefon 0 30/2 14 85-0, Fax 0 30/2 11 72 01
www.vz-berlin.de

Verbraucherzentrale Brandenburg e. V.
Templiner Straße 21, 14473 Potsdam
Telefon 03 31/2 98 71-0, Fax 03 31/2 98 71-77
www.vzb.de

Verbraucherzentrale des Landes Bremen e. V.
Altenweg 4, 28195 Bremen
Telefon 04 21/1 60 77-7, Fax 04 21/1 60 77-80
www.verbraucherzentrale-bremen.de

Verbraucherzentrale Hamburg e. V.
Kirchenallee 22, 20099 Hamburg
Telefon 0 40/2 48 32-0, Fax 0 40/2 48 32-2 90
www.vzhh.de

Verbraucherzentrale Hessen e. V.
Große Friedberger Straße 13–17,
60313 Frankfurt am Main
Telefon 0 18 05/97 20 10*, Fax 0 69/97 20 10-40
www.verbraucherzentrale-hessen.de

Verbraucherzentrale Mecklenburg-Vorpommern e.V.
Strandstraße 98, 18055 Rostock
Telefon 03 81/2 08 70 50, Fax 03 81/2 08 70 30
www.nvzmv.de

Verbraucherzentrale Niedersachsen e. V.
Herrenstraße 14, 30159 Hannover
Telefon 05 11/9 11 96-0, Fax 05 11/9 11 96-10
www.verbraucherzentrale-niedersachsen.de

Verbraucherzentrale Nordrhein-Westfalen e. V.
Mintropstraße 27, 40215 Düsseldorf
Telefon 02 11/38 09-0, Fax 02 11/38 09-2 16
www.vz-nrw.de

Verbraucherzentrale Rheinland-Pfalz e. V.
Seppel-Glückert-Passage 10, 55116 Mainz
Telefon 0 61 31/28 48-0, Fax 0 61 31/28 48-66
www.verbraucherzentrale-rlp.de

Verbraucherzentrale des Saarlandes e. V.
Trierer Straße 22, 66111 Saarbrücken
Telefon 06 81/5 00 89-0, Fax 06 81/5 00 89-22
www.vz-saar.de

Verbraucherzentrale Sachsen e. V.
Brühl 34–38, 04109 Leipzig
Telefon 03 41/69 62 90, Fax 03 41/6 89 28 26
www.verbraucherzentrale-sachsen.de

Verbraucherzentrale Sachsen-Anhalt e. V.
Steinbockgasse 1, 06108 Halle
Telefon 03 45/2 98 03-29, Fax 03 45/2 98 03-26
www.vzsa.de

Verbraucherzentrale Schleswig-Holstein e. V.
Andreas-Gayk-Straße 15, 24103 Kiel
Telefon 04 31/5 90 99-10, Fax 04 31/5 90 99-77
www.verbraucherzentrale-sh.de

Verbraucherzentrale Thüringen e. V.
Eugen-Richter-Straße 45, 99085 Erfurt
Telefon 03 61/5 55 14-0, Fax 03 61/5 55 14-40
www.vzth.de

Verbraucherzentrale Bundesverband e. V.
Markgrafenstraße 66, 10969 Berlin
Telefon 0 30/2 58 00-0, Fax 0 30/2 58 00-5 18
www.vzbv.de

* 0,14 €/min., Mobilfunkpreis maximal 0,42 €/min.

Internetadressen

Allgemeine Informationen
www.allesklar.de größter deutscher Webkatalog
www.dgb-jugend.de Infos des Deutschen Gewerkschaftsbunds
zu Ausbildung, Studium, Praktikum und Job
www.fairwork-ev.de Verein von und für Praktikanten, der sich für ein
faires Praktikum einsetzt

BAföG
www.bafoeg-rechner.de BAföG-Förderbetrag online berechnen
www.das-neue-bafoeg.de BAföG-Infos des Ministeriums für Bildung
und Forschung

Studiendarlehen und -kredite
www.bildungsfonds.de Informationen zu Bildungsfonds der CareerConcept AG
www.bildungskredit.de Infos des Bundesverwaltungsamts
www.che-concept.de Centrum für Hochschulentwicklung,
Studienkredit-Test 2011
www.deutsche-bank.de/studentenkredit Informationen zum
StudentenKredit der Deutschen Bank
www.deutsche-bildung.de Infos zu Studienfonds der Deutschen
Bildung GmbH
www.festo-bildungsfonds.de Bildungsfonds für MINT-Studiengänge
(Mathematik, Informatik, Naturwissenschaft, Technik)
www.kfw.de Informationen zum KfW-Studienkredit und Bildungskredit

Steuern und Sozialversicherung
www.minijob-zentrale.de Alles rund um Minijobs

Praktikumsbörsen Inland
www.akademiker-online.de Praktikumsplätze und Abschlussarbeiten
www.alma-mater.de Personalvermittlung für akademische Nachwuchskräfte
www.audimax.de Website der Hochschulzeitschrift *aud!max*
www.berufsstart.de Karriereportal für junge Akademiker
www.bigredonline.de Internetseite für Wirtschaftsstudenten mit
Praktikumsangeboten
www.chancen.net Hochschulanzeiger der *Frankfurter Allgemeinen Zeitung*
www.computerwoche.de/stellenmarkt Stellenmarkt der Zeitschrift
Computerwoche
www.go-jobware.de Karriereportal für Studierende und Absolventen

www.horizontjobs.de Karriereportal für Marketing, Werbung und Medien mit Stellenbörse
www.jobrobot.de Metasuchmaschine für Jobs und Praktika
www.jobscout24.de branchenübergreifende Stellenbörse, auch für Praktika
www.jobvector.de Jobs und Praktika in den Bereichen Pharma, Biologie, Chemie und Physik
www.jobworld.de Metasuchmaschine für Jobs und Praktika
www.karriere.de Infos rund um Studium, Beruf und Praktikum und Stellenmarkt
http://karriere.unicum.de/praktikum/ Praktikumsbörse der Hochschulzeitschrift *Unicum*
www.monster.de Online-Stellenbörse
www.portalkunstgeschichte.de Praktika im Bereich Kunstgeschichte
www.praktika.de Praktikumsbörse und ergänzende Infos zum Thema Praktikum
www.praktikum.de Praktikumsbörse
www.praktikum.info Karriereportal für den Berufseinstieg
www.praktikums-boerse.de Praktikumsbörse
www.praktikum-service.de Praktikumsbörse für Deutschland
www.stepstone.de Online-Stellenmarkt
www.wissenschaft.de Online-Auftritt der Zeitschrift *Bild der Wissenschaft* mit Praktikumsbörse
www.worldwidejobs.de Metasuchmaschine für Jobs und Praktika
www.wuv.de Online-Auftritt der Zeitschrift *Werben & Verkaufen* mit Stellenmarkt

Soziale Netzwerke
www.linkedin.com internationales berufliches Netzwerk
www.xing.com Online-Plattform für berufliches Netzwerken
www.facebook.com größtes soziales Netzwerk der Welt

Absolventenmessen
www.absolventenkongress.de Messe mit den Schwerpunkten Wirtschaft und Technik
www.bonding.de Messe für Studenten der Ingenieurs- und Naturwissenschaften
www.careers4engineers.de Zielgruppe Automobil-Ingenieure
www.connecticum.de Zielgruppe Wirtschaftswissenschaften, Ingenieurswissenschaften, IT
www.firmenkontaktgespraech.de Schwerpunkt Wirtschaftswissenschaften
www.headsandhands.de Messe in Freiburg für Studierende aller Fachrichtungen

www.ikom.tum.de Zielgruppe Ingenieure und Wirtschaftswissenschaftler
www.iqb.de Messe JURAcon für Juristen
www.konaktiva.de Messe in Darmstadt und Dortmund für Studierende
   aller Fachrichtungen
www.t5-futures.de Zielgruppe Naturwissenschaften, Pharmazie, Medizin,
   Pharmazie-/Chemie-/Biotechnologieingenieure, Ingenieure,
   Informatiker
www.talents.de Zielgruppe Wirtschafts-, Ingenieur-, Natur- und
   Geisteswissenschaftler, Informatiker, Juristen
www.werbekongress.de Messe der Werbebranche

Erfahrungsberichte
www.meinpraktikum.de über 7.500 Praktikumsbewertungen
www.praktikanten.net Praktikumsberichte und Tipps rund um das Thema
   „Praktikum"

Auslandspraktikum, Allgemeines
www.rausvonzuhaus.de Wege ins Ausland

Auslandspraktikum, Vermittlung
www.aa-education.com Praktika in Australien und Neuseeland
www.aegee.org Association des Etats Généraux des Etudiants de l'Europe:
   europäische Studentenorganisation aller Fachrichtungen
www.afasp.net deutsch-französische Vereinigung AFASP/DEFTA mit Praktika
   in Frankreich
www.afij.com L'adresse emploi des étudiants et des jeunes diplômés:
   Praktika und Jobs für Berufseinsteiger in Frankreich
www.ahk.de Deutsche Auslandshandelskammern (AHK)
www.aiesec.de Deutsches Komitee der AIESEC e.V.: internationale
   Fachpraktika, vor allem im Bereich Wirtschaftswissenschaften
www.allstarjobs.ca kanadische Online-Stellenbörse
www.amity.org Praktika in den USA für Lehramts- oder Fremdsprachenstudierende
www.auslandspraktikum.info Praktikusmbörse
www.australienpraktikum.de Praktika in Australien
www.ba-auslandsvermittlung.de Zentrale Auslands- und Fachvermittlung
www.bestjobs.co.za südafrikanische Online-Stellenbörse
www.bvmd.de/ausland Bundesvertretung der Medizinstudierenden in
   Deutschland e.V. (BVMD): Famulantenaustausch
www.cadresonline.com Jobs und Praktika in Frankreich
www.canadajobs.ca große kanadische Online-Stellenbörse

www.capcampus.com Studentenjobs, Praktika und Stellen für Absolventen in Frankreich

www.careerbuilder.com größte Online-Stellenbörse der USA

www.careerone.com.au australischer Online-Stellenmarkt

www.cdc.de Carl-Duisberg-Centren (CDC), Unternehmen für internationale Bildung

www.chileinside.cl Praktika, Freiwilligenarbeit und Sprachkurse in Chile

www.ciee.org Council of International Educational Exchange: Praktika in den USA

www.ciip.de Vermittlungsagentur für Praktika in Europa, Südafrika und den USA

www.coined.de Kommission für Bildungsaustausch: Praktika in Argentinien, Chile, Costa Rica, Guatemala und Spanien

www.college-council.de Vermittlungsagentur für Praktika in den USA, Australien und Neuseeland

www.coolworks.com ausgefallene Jobs und Praktika in den USA

www.culturalvistas.org Praktika in den USA

www.dff-ffa.org/de Deutsch-Französisches Forum: Stellenbörse und Hochschulmesse

www.dsjw.de Deutsch-Südafrikanische Jugendwerk

www.ec.europa.eu/eures EURES-Berater

www.elsa-germany.org ELSA e.V. Deutschland (The European Law Students' Association): Praktika für Studierende der Rechtswissenschaften

www.elg-online.de Europäisch-Lateinamerikanische Gesellschaft: Praktika in Lateinamerika

www.estiem.org European Students of Industrial Engineering & Management (ESTIEM): Praktika für Studierende des Wirtschaftsingenieurwesens

www.eurobrussels.com Praktika und Jobs in Brüssel, EU-Institutionen und internationalen Organisationen

www.euro-china-ecv.de Euro-China Vermittlungsbüro für wirtschaftliche und technische Zusammenarbeit

www.europabildung.org Vermittlungsagentur für Praktika in Europa und China

www.europlacement.com Praktika in Europa und Übersee

www.europractica.com Praktika in Spanien

www.fish4.co.uk eine der führenden britischen Internet-Stellenbörsen

www.francoallemand.com Deutsch-Französische Industrie- und Handelskammer mit Praktikumsangeboten in Frankreich

www.gaccny.com German American Chamber of Commerce: Praktikumsangebote amerikanischer Unternehmen

www.gls-sprachenzentrum.com Vermittlungsagentur für Auslandspraktika

www.gointernational.ca Praktika im Großraum Vancouver/Kanada

www.go-jobware.de Praktika im In- und Ausland
www.hs-karlsruhe.de/koor Koordinierungsstelle für die praktischen
    Studiensemester der Fachhochschulen in Baden-Württemberg
www.iagora.com Praktika in 71 Ländern
www.iaeste.de International Association for the Exchange of Students
    for Technical Experience: Praktika für Studierende der Natur- und
    Ingenieurwissenschaften, Land- und Forstwirtschaft
www.imh-deutschland.de Internationale Medienhilfe (IMH)
www.internships.com.au Praktika in Australien
www.interswop.de Vermittlungsagentur für Auslandspraktika
www.intrax.de Vermittlungsagentur für Auslandspraktika
www.ipc-darmstadt.de International Placement Center (IPC): Praktika für
    Studierende der Wirtschaftsinformatik, Wirtschaftsingenieurwesen
www.jcomjeune.com französische Praktikumsbörse
www.jobcentreplus.gov.uk staatliche Arbeitsvermittlung Großbritanniens
www.jobindex.dk dänische Online-Stellenbörse
www.jobs.guardian.co.uk Stellenmarkt der britischen Tageszeitung
    The Guardian
http://jobs.euractiv.com Praktika in Brüssel und EU-Angelegenheiten
www.jobsearch.com.au offizielle Arbeitsvermittlung der australischen
    Regierung
www.jobsite.co.uk große britische Internet-Stellenbörse
www.kmk-pad.org Pädagogischer Austauschdienst der Kultusminister-
    konferenz
www.kopra.org Koordinierungsstelle für Praktika mit Ostasienbezug
www.kultur-life.de internationale Freiwilligendienste, Praktika u.a.
www.monster.de Online-Stellenmarkt mit internationalen Angeboten
www.oei.fu-berlin.de/studiumlehre/praktikumsboerse/angebote/index.html
    Praktikumsbörse des Osteuropa-Instituts der FU Berlin
www.placement-uk.com bezahlte Praktika in Großbritannien
www.praktika.de Vermittlungsagentur für Auslandspraktika
www.praktika-afrika.de Praktika in Namibia
www.praktikantenvermittlung.de Vermittlungsagentur für Auslandspraktika
www.praktikawelten.de Praktika in Kanada, Mexiko, Guatemala,
    Costa Rica, Ecuador, Peru, Chile, Argentinien, Ghana, Namibia, Süd-
    afrika, Kenia, Indien, Nepal, Thailand, Australien und Neuseeland
www.praktikum.de Praktika im In- und Ausland
www.praktikum-in-afrika.de Praktika in Afrika
www.praktikumineuropa.de Praktika im Rahmen des Programms
    LEONARDO DA VINCI
www.praktikums-boerse.de Praktika im In- und Ausland
www.praktikumsvermittlung.de Vermittlungsagentur für Auslandspraktika

www.professionalpathwaysaustralia.com.au unbezahlte Praktika in Sydney und Melbourne
www.prospects.ac.uk offizielle Stellenbörse für Absolventen in Großbritannien
www.roc.nl Praktika in den Niederlanden
www.seek.com.au australischer Online-Stellenmarkt
www.sportellostage.it italienische Praktikumsbörse
www.stagemarkt.nl Praktikumsbörse für die Niederlande
www.stageplaza.nl größte Praktikumsbörse der Niederlande
www.stepin.de Vermittlungsagentur für Auslandspraktika
www.stepstone.de Online-Stellenmarkt mit internationalen Angeboten
www.telejob.ethz.ch führende Schweizer Stellenbörse für Akademiker
www.theworkbank.co.uk Jobvermittlung für Studenten und Absolventen
www.usa-interns.org Steuben-Schurz-Gesellschaft: Praktika in den USA
www.vec.ca kostenpflichtiges Praktikantenprogramm in Vancouver/Kanada
www.volunteer.gov Freiwilligendienste in den USA in unterschiedlichen Bereichen
www.werk.nl staatliche Arbeitsvermittlung der Niederlande
www.workindenmark.dk Infos zum Arbeiten in Dänemark
www.world-intern.de Praktika in Ecuador
www.world-of-exchange.com Vermittlungsagentur für Auslandspraktika
www.zad-online.com Zahnmedizinischer Austauschdienst (ZAD) e.V.

Auslandspraktika, Finanzierung
www.a-new-passage-to-india.de DAAD-Sonderprogramm „A New Passage to India"
www.daad.de/csp Carlo-Schmid-Programm des DAAD
www.das-neue-bafoeg.de Auslands-BAföG
www.giz.de Deutsche Gesellschaft für Internationale Zusammenarbeit
www.jointhebest.info Praktikumsprogramm der Finanzberatung MLP
www.na-bibb.de EU-Programm LEONARDO DA VINCI
www.stipendienlotse.de „Stipendienlotse" des Bundesministeriums für Bildung und Forschung
www.studienstiftung.de Studienstiftung des deutschen Volkes

Internationale Organisationen
www.cern.ch European Laboratory for Nuclear Research (CERN), Genf
www.coe.int Europarat, Straßburg
www.ec.europa.eu/stages Kommission der Europäischen Union, Brüssel
www.europarl.de/view/de/Jugend/Praktika_bei_der_EU/Europaeisches_Parlament.html Europäisches Parlament, Brüssel

www.icrc.org International Committee of the Red Cross (ICRC), Genf
www.ilo.org International Labour Organization (ILO), Genf
www.intracen.org International Trade Centre (ITC), Genf
www.iom.int International Organization for Migration (IOM), Genf
www.oecd.org Organisation for Economic Co-operation and Development (OECD), Paris
www.ohchr.org United Nations Office of the High Comissioner for Human Rights (OHCHR), Genf
www.un.org United Nations (UNO), New York
www.unctad.org United Nations Conference on Trade and Development (UNCTAD), Genf
www.unece.org Economic Commission for Europe (ECE), Genf
www.unesco.org United Nations Educational, Scientific an Cultural Organization (UNESCO), Genf
www.unhcr.ch United Nations High Commissioner for Refugees (UNHCR)
www.unocha.org Office for the Coordination of Humanitarian Affairs (OCHA), Genf
www.unog.ch United Nations Office at Geneva (UNOG), Genf
www.who.int World Health Organization (WHO), Genf
www.wipo.int World Intellectual Property Organization (WIPO), Genf

Berufsverbände
www.agd.de Allianz Deutscher Designer (AGD)
www.bauernverband.de Deutscher Bauernverband e.V.
www.bda-bund.de Bund Deutscher Architekten
www.bdp-verband.de Berufsverband Deutscher Psychologinnen und Psychologen (BDP) e.V.
www.bdu.de Bundesverband Deutscher Unternehmensberater (BDU)
www.bdvb.de Bundesverband Deutscher Volks- und Betriebswirte (bdvb)
www.bhpd.de Bundesverband der Pharmaziestudierenden in Deutschland e.V. (BPHD)
www.dajv.de Deutsch-Amerikanische Juristenvereinigung
www.dcjv.de Deutsch-Chinesische Juristenvereinigung
www.dfj.org Deutsch-Französische Juristenvereinigung
www.diplom-paedagogen.de Berufsverband Deutscher Diplom-Pädagogen und -Pädagoginnen (BDDP)
www.djjv.org Deutsch-Japanische Juristenvereinigung
www.djv.de Deutscher Journalisten-Verband (DJV) e.V.
www.einzelhandel.de Hauptverband des Deutschen Einzelhandels (HDE)
www.gi.de Gesellschaft für Informatik e.V.
www.iccrom.org ICCROM – International Centre fort he Study of the Preservation and Restoration of Cultural Property

www.vde.de Verband der Elektrotechnik, Elektronik, Informationstechnik (VDE)
www.vdi.de Verein Deutscher Ingenieure (VDI)

Freiwilligendienst
www.afs.de AFS – Interkulturelle Begegnungen
www.asf-ev.de Aktion Sühnezeichen Friedensdienste e.V.
www.eirene.org Eirene – Internationaler Christlicher Friedensdienst e.V.
www.icja.de ICJA Freiwilligenaustausch weltweit

Register

A
20-Stunden-Regel 126, 129
Absolventenmessen 53 f., 164 f.
Adressen 162
Alumni-Clubs 52 f.
Anschreiben 91 ff.
Arbeitsplatz 122 ff., 143 ff.
Aufgabenbereich 33, 42, 55, **122 ff.**
Auslandspraktikum 38, **57 ff.**, 101, 165 ff.

B
BAföG 41 f., 80 ff., 126, 130, **133 ff.**, 163, 168
Betreuung 112 f., **122 ff.**
Betreuungsperson 33, 122 ff.
Beurlaubung 38 ff., 139 f.
Bewerbung 39, 46 ff., 68, 73, **85 ff.**
–, per E-Mail 89 ff.
–, postalisch 99 f.
Bewerbungsunterlagen 88 ff., 99 ff., 140
Bildungsfonds 136 f., 163
Boni 133

D
Direktbewerbung 73

E
Erfahrungsberichte 56, 156
Erstkontakt, telefonischer 86 ff.

F
Fahrtkostenerstattung 119
Finanzamt 40, 137 ff.
Finanzierung 125 ff.
Finanzierung fürs Auslandspraktikum 77 ff., 168
Förderangebote 77 ff.
Freiwilligendienst 70 f., 84, 167 f., 169
Fremdeinschätzung 36 f.

G
Generation Praktikum 9 ff.

I

Initiativbewerbung 86 ff., 119
Internetadressen 163 ff.

K

Kindergeld 130
Klage (auf angemessene Vergütung) 117 f., 147 f.
Kleidung 54, 74, 94, **103 f.**
Konflikte *siehe* Probleme
Konkurrenz 142, 144 f.
Kosten 41 f., 119, 131 f.
Krankenversicherung 40, 76, **127 ff.**
Krankschreibung 120
Kündigung 117 ff., 148 ff.
Kündigungsfristen 118 f.
Kurzbewerbung 86, 88 f.

L

Lebenslauf 86, 89 ff., **94 ff.**
Lohnfortzahlung (im Krankheitsfall) 130, 139
Lohnsteuerkarte 137

M

Minijob 126 ff., 138 f., 163
Mobbing 144 f.
Mobilität 37

N

Netzwerke, soziale 51 ff., 148

O

Online-Bewerbung 98 f., *siehe auch* Bewerbung
Online-Stellenbörsen (fürs Ausland) 63 ff.

P

Pflichtpraktikum 16, 20 ff., 38 ff.
Praktikantengehalt *siehe* Vergütung
Praktikum, *siehe auch* Projektpraktikum, Vor-/Grundpraktikum, Zwischenpraktikum
–, freiwilliges 16, 23 ff.
–, gelenktes 25
–, nach Hochschulabschluss 27
Praktikumsabbruch 146 f., 148 ff.
Praktikumsarten 19 ff.
Praktikumsbericht 21, 160

Praktikumsbörsen 47 ff., 163 f.
–, internationale 62 ff., 165 ff.
Praktikumsvertrag 112 ff., 146, 150
Praxissemester 22 ff., 40, 80, 128, 134
Probleme 143 ff., 148 ff.
Projektpraktikum 25 f., 41

S
Schlüsselqualifikationen 6, 58 f.
Schülerpraktikum 19 f.
Selbstanalyse (Wer bin ich?) 31 ff.
Sozialversicherungspflicht 126 ff.
Stellenanzeigen 46 f.
Steuern 125 ff., 137 ff.
Studienkredit 134 ff.

U
Übernahme 13, 27, 147 ff.
Unterkunft
–, im Auslandspraktikum 68 ff., 76 f., 79 ff.
–, während des Praktikums 42
Unternehmen 11 ff., 14, 33, 38 ff., 52, 56, 108, 122 ff.
Urlaub 113 ff.
Urlaubssemester *siehe* Beurlaubung

V
Vergütung 20 ff., 41 f., 107, 114 f., **117 f.**, **131 ff.**, 148 f.
Versicherungspflicht 128 ff.
Vor-/Grundpraktikum 17, 20 f., 126
Vorstellungsgespräch 34 ff., **85 ff.**

W
Working Holiday Visum 83 f.

Z
Zeugnis 119, 122, 152, 154 ff.
Zwischenpraktikum 128

Impressum

Herausgeber

Verbraucherzentrale Nordrhein-Westfalen e. V.
Mintropstraße 27, 40215 Düsseldorf
Telefon: 02 11/38 09-555
Fax: 02 11/38 09-235
ratgeber@vz-nrw.de
www.vz-nrw.de

Mitherausgeber

Verbraucherzentrale Bundesverband e. V.
Markgrafenstraße 66, 10969 Berlin
Telefon: 0 30/2 58 00-0
Fax: 0 30/2 58 00-2 18
www.vzbv.de

Text	Birgit Adam, Augsburg
Koordination	Kathrin Nick
Lektorat	Mendlewitsch + Meiser, Düsseldorf
	www.mendlewitsch-meiser.de
	Mitarbeit: Prisca Larissa Watko
Fachliche Betreuung	Karsten Haase, Düsseldorf
	Bernd Jaquemoth, Nürnberg
Umschlaggestaltung	Ute Lübbeke, www.LNT-design.de
Gestaltungskonzept	punkt 8, Berlin
Layout und Satz	Kommunikationsdesign Petra Soeltzer, Düsseldorf
	www.petrasoeltzer.de
Titelbild	plainpicture/Cultura
Illustrationen	Helge Jepsen, Essen
Druck	AALEXX Buchproduktion GmbH, Großburgwedel
	Gedruckt auf 100 % Recyclingpapier

Redaktionsschluss: August 2012

Noch Fragen?

Unser Plus für Sie!

Die Beratung der Verbraucherzentralen

Hoffentlich haben Ihnen die Informationen in diesem Ratgeber weitergeholfen. Wenn Sie noch Fragen haben ... Die Expertinnen und Experten der Verbraucherzentrale beraten Sie individuell, kompetent und unabhängig:
- in Ihrer Beratungsstelle vor Ort,
- am Telefon oder
- im Internet

! Wir beraten zum Beispiel zu:
- Banken und Geldanlagen
- Baufinanzierung
- Energie
- Ernährung
- Haushalt, Freizeit, Telekommunikation
- Kreditrecht, Schuldner- und Insolvenzverfahren
- Patientenrechte und Gesundheitsdienstleistungen
- Reiserecht
- Versicherungen

www.

Unter www.verbraucherzentrale.de finden Sie das vollständige Beratungsangebot in Ihrem Bundesland.

Oder Sie nehmen direkt Kontakt mit Ihrer Verbraucherzentrale auf: Die Adressen finden Sie auf Seite 162.

Nutzen Sie unser Beratungsangebot und treffen Sie mit unserer Unterstützung die richtigen Entscheidungen. Wir sind für Sie da!

Die Ratgeber der Verbraucherzentralen

Hier können wir Ihnen nur eine kleine Auswahl aus unserem umfangreichen Ratgeberprogramm vorstellen. Mehr als 100 aktuelle Titel halten wir für Sie bereit. Auf Wunsch senden wir Ihnen gern ein Gesamtverzeichnis zu.

Zu den genannten Preisen (Stand: August 2012) kommen noch Porto und Versandkosten.

Endlich erwachsen! |1|

Wer von zu Hause auszieht, ist mit zahlreichen Fragen konfrontiert: Mietwohnung, Studentenwohnheim oder WG? Worauf ist im Mietvertrag zu achten? Welche Versicherungen sind wichtig und wie behält man den Überblick über die Finanzen? Alles, was junge Erwachsene auf dem Weg ins eigene Leben wissen müssen, bietet der Ratgeber – kompakt und verständlich.

1. Auflage 2011, 216 Seiten, 9,90 €

Clever studieren – mit der richtigen Finanzierung |2|

Studieren kostet viel Geld. Und viele Studierende und ihre Eltern fragen sich, wie sie diese Ausbildung finanzieren können. Antworten gibt der Ratgeber rund um Ausbildungsunterhalt, BAföG, Jobben, Studienkredite, Stipendien, Sozialleistungen und weitere Vergünstigungen für Studenten.

4. Auflage 2011, 200 Seiten, 9,90 €

Berufsunfähigkeit gezielt absichern |3|

Um Ihre Berufsunfähigkeitsversicherung sollten Sie sich frühzeitig kümmern! Denn wer vorzeitig wegen Berufsunfähigkeit aus dem Arbeitsleben ausscheidet, ist durch die gesetzliche Rentenversicherung wenig oder gar nicht mehr abgesichert. Schutz bietet eine private Berufsunfähigkeitsversicherung. Das Buch zeigt Ihnen den Weg zu einer guten Police und erklärt, was beim Versicherungsantrag wichtig ist.

4. Auflage 2011, 184 Seiten, 9,90 €

Kleine Beträge clever anlegen |4|

Kleinvieh macht auch Mist – wie wahr! Dieser Ratgeber zeigt Ihnen mit zahlreichen Berechnungsbeispielen, wie man mit kleinen Geldbeträgen sinnvoll sparen kann. Auch mit monatlichen Beträgen ab 50 Euro oder gelegentlichen Einmalanlagen ab 500 Euro lässt sich über Jahre eine stattliche Summe aufbauen. Checklisten und zahlreiche Tipps helfen Ihnen dabei.

2. Auflage 2012, 128 Seiten, 7,90 €

Fix Food |5|

Zeitnot hält Sie vom Kochen ab und Sie greifen öfter als Ihnen lieb ist zu Fertigprodukten? Dieser Ratgeber schafft Abhilfe. Er zeigt, wie Sie mit wenig Zeit und mit frischen Zutaten fantasievoll Leckeres auf den Tisch zaubern. Über 250 Rezepte bieten Schmackhaftes von Mandarinen-Frischkäse-Müsli über Gemüsecouscous bis hin zu Erdbeer-Vanillecreme.

1. Auflage 2012, 208 Seiten, 9,90 €

Privatrenten und Lebensversicherungen |6|

Erstmals benennt ein Ratgeber die Vor- und Nachteile aller privaten Lebensversicherungsprodukte: Privatrenten, Riester- und Rürup-Renten und Kapitallebensversicherungen. Dabei werden die unterschiedlichen Renditen und die Rechte der Kunden erklärt und beurteilt.

1. Auflage 2010, 176 Seiten, 9,90 €